Kurt Haymann / Ulrich Meseck

Lehrbuch SQUASH

Technik, Taktik, Training

Offizielles Lehrbuch des
Deutschen Squash Rackets Verbandes

BLV

CIP-Titelaufnahme der Deutschen Bibliothek

Haymann, Kurt:
Lehrbuch Squash : Technik, Taktik, Training /
Kurt Haymann; Ulrich Meseck. – München;
Wien; Zürich: BLV, 1989
ISBN 3-405-13507-9
NE: Meseck, Ulrich:

Demonstration der
Schlagtechniken: Kirk Woodward

Bildnachweis

D. Birkner S. 17, 18, 23, 24, 39, 58, 63, 67
F. Borchert S. 2, 6/7, 13, 16, 17, 19, 27, 29, 36, 37, 40, 47, 52, 59, 65, 68, 74, 75, 78, 84, 89, 92, 97, 103, 106, 109
Dunlop-Werkfoto S. 10
Hi-Tec-Werkfoto S. 10
G. Jakob S. 32
J. Kemmler S. 12, 22, 30/31, 34/35, 42/43, 48/49, 54/55, 60/61, 70/71, 76/77, 80/81
Kölle Fotostudio S. 48/49, 72
A. Richter S. 99
K.-D. Soons S. 32, 45, 56
Chr. Wagner S. 10, 51, 54/55, 66

Grafiken:
Barbara von Damnitz und
Kartographie Huber

Umschlagfoto: Fritz Borchert

BLV Verlagsgesellschaft mbH
München Wien Zürich
8000 München 40

Gesamtherstellung: Pustet, Regensburg

Printed in Germany · ISBN 3-405-13507-9

Inhalt

Grundlagen

Schlagtechniken

Training und Wettkampf

Vorwort

Kaum eine andere Sportart hat in der Bundesrepublik Deutschland im letzten Jahrzehnt einen solchen Zuwachs an Popularität erfahren wie Squash. Nahezu 2 Millionen aktive Spielerinnen und Spieler aller Alters- und Leistungsklassen versuchen sich derzeit regelmäßig im Spiel mit dem kleinen schnellen Gummiball, ständig entstehen neue Squashanlagen und ein Ende dieser Entwicklung ist derzeit nicht zu erkennen.
Obwohl der weitaus größte Teil der Aktiven Squash als reine Freizeit-Sportart betreibt, hat sich auch der Leistungssport in den letzten Jahren erheblich weiterentwickelt. Die Ausdehnung des organisierten Spielbetriebes innerhalb des DSRV in den vergangenen Jahren belegt dies. Die nationale Leistungsspitze ist im Damen-, Herren- und Jugendbereich inzwischen so stark, daß die Mannschaften zu den besten Teams in Europa zählen.
Der für Anfänger zunächst meist problemlose Zugang zum Squash auf der einen und das fast ausschließlich privatwirtschaftlich in kommerziellen Anlagen organisierte Angebot an Courts auf der anderen Seite brachten (und bringen noch immer) mit sich, daß die meisten Interessierten ohne fachkundige Anleitung »einfach drauflos«-spielen oder sich von nicht immer fachkundigen besseren Spielern die ersten »Tips« und »Ratschläge« holen.
So einfach es aber auch ist, mit Squash zu beginnen, wer sein Spiel verbessern möchte, um noch mehr Freude daran zu finden, bedarf einer fachkundigen Anleitung. Qualifizierte Trainer und Squashlehrer jedoch stehen noch nicht überall dort zur Verfügung, wo Squash gespielt wird.
Um diese Lücke zu schließen, wurden im Deutschen Squash Rackets Verband (DSRV) und in den Landesverbänden in letzter Zeit zusätzliche Anstrengungen unternommen, um das gesamte Lehrwesen – von der Übungshelfer- bzw. Übungsleiterausbildung über die B- und A- bis hin zur Diplomtrainerausbildung weiterzuentwickeln und auf den neuesten Stand der sportwissenschaftlichen Diskussion zu bringen.
Das nun vorliegende »Lehrbuch Squash« dient dieser Trainerausbildung als theoretische Grundlage im fachdidaktischen und trainingswissenschaftlichen Bereich. Die übersichtliche, ausführliche und trotz der (durch die Komplexität des Spiels bedingte) Themenvielfalt leicht verständliche Darstellung aller wichtigen Leistungsfaktoren des Squashspiels macht dieses Buch für jeden ambitionierten Squashspieler, unabhängig von seiner jeweiligen Könnensstufe zu einem wertvollen Ratgeber bei dem Bemühen um eine Verbesserung der eigenen Spielfähigkeit. Darüber hinaus liefert das Buch auch allen Lehrenden in Schulen, Universitäten und den in kommerziellen Anlagen Tätigen die für einen sachkundigen Squashunterricht notwendigen Informationen.
Ich danke den Autoren für den geleisteten Einsatz und wünsche dem Buch eine weite Verbreitung.

Hartmut Kautz
Präsident des DSRV

Ganzglascourts ermöglichen bei großen Turnieren (hier British Open) erheblich größere Zuschauerzahlen

Einleitung

Zwei Grundgedanken liegen der Konzeption dieses Lehrbuches zugrunde: Zum einen sollten die Grundlagen des Squashspiels und vor allem die einzelnen Schlagtechniken umfassend dargestellt und beschrieben werden. Für die dazu verwendeten Photoserien wurden erstmals Kamerapositionen gewählt, die die räumlichen Verhältnisse im Court, insbesondere die Laufwege zu der jeweiligen Schlagposition und die Schlagabläufe in allen wichtigen Phasen realistisch, d. h. entsprechend der tatsächlichen Bewegungsabläufe während eines Spiels wiedergeben.
Außerdem wurden die Leistungsanforderungen im Wettkampf-Squash systematisch zusammengestellt, so daß daraus die Grundlagen einer speziellen Trainingsplanung entwickelt und an Beispielen verdeutlicht werden konnten.
So kann dieses Buch von Spielerinnen und Spielern aller Leistungsstufen als Nachschlagewerk zur Verbesserung der eigenen Technik verwendet werden. Ferner vermittelt es eine grundlegende Orientierung für den Einstieg und die Organisation von Trainings- und Wettkampfaktivitäten.

Wenn im Text die Begriffe »Spieler« und »Spielender« verwendet werden, so wollen wir damit keineswegs die weiblichen Anhänger unserer Sportart unberücksichtigt lassen. Im Sinne einer flüssigen Schreibweise wollten wir den Text entlasten und haben das »-in« und »-innen« weggelassen.
Alle Bewegungsbeschreibungen beziehen sich der Übersichtlichkeit halber auf Rechtshänder. Linkshänder müssen in bezug auf Richtungsangaben und Positionen im Court entsprechend umdenken.
Squash ist im englischen Sprachraum entstanden und entwickelte sich dort zunächst weiter. Die von uns verwendeten Begriffe sind daher zum Teil aus dem englischen Sprachgebrauch übernommen oder eingedeutscht. Wir haben uns bemüht, jeweils die heute üblichen Begriffe zu benützen.
Die gewählte Form der Darstellung bringt gelegentliche Textwiederholungen mit sich. Diese sind durchaus beabsichtigt, da sie dem Charakter eines Nachschlagewerkes Rechnung tragen.
Die Form der Darstellung der einzelnen Schlagtechniken haben wir aus dem im gleichen Verlag erschienenen »Lehrbuch Tennis« vom Deutschen Tennis Bund übernommen. Dessen Verfassern und dem Deutschen Tennis Bund sei an dieser Stelle für ihre Pionierarbeit ebenso gedankt wie für ihr Einverständnis zur Übernahme dieser Konzeption.
Weiter danken wir den Firmen ROSSIGNOL, HI-TEC und ASB sowie den Squash Tower in Rosenheim für ihre Unterstützung bei der Erstellung dieses Buches.

Kurt Haymann
Ulrich Meseck

Grundlagen

Spiel-bestimmende Elemente

Spielidee

Squash gehört zur großen Familie der Rückschlagspiele. Anders als bei den meisten bei uns verbreiteten Spielen dieser Art (z. B. Tennis, Badminton, Tischtennis) müssen sich aber die zwei (in seltenen Fällen, beim Doppel, auch vier) gegeneinander (im Wettkampfspiel) oder auch miteinander (z. B. bei verschiedenen Trainingsformen) Spielenden einen gemeinsamen durch vier das Spielfeld unmittelbar umschließende Wände begrenzten »Spiel raum« teilen. Es gibt eine Reihe ähnlicher, bei uns aber wenig verbreiteter Rückschlagspiele, z. B. »Racket Ball« in den USA/Kanada oder auch das schon sehr alte »Pelota« im Baskenland. Der Ball wird von den beiden Spielenden abwechselnd mit einem Schläger gespielt. Er muß nach jedem Schlag die Frontwand zwischen oberer und unterer Auslinie erreichen, ohne vorher den Boden oder eine Einrichtung oberhalb der oberen Auslinien zu berühren, kann auf dem Weg dorthin aber Rückwand und/oder Seitenwände berühren. Danach darf der Ball höchstens einmal auf dem Boden aufspringen und muß dann vom anderen Spieler wieder an die Frontwand gespielt werden.
Ziel des Wettkampfspiels ist, den Ball so zu schlagen, daß dieser das zweite Mal den Boden berührt, bevor der Spielpartner ihn erreichen kann, bzw. es dem Partner unmöglich zu machen, einen regulären Rückschlag anzubringen. Im Idealfall kann ein Ball genau in das »Nick«, das ist die Kante, an der sich Wand und Boden berühren, gespielt werden. Solch ein Ball rollt anschließend auf dem Boden entlang, d. h., er ist nicht mehr spielbar. Man nennt dies »Nickball«.
Im Training oder zu Übungszwekken können sich aber auch gänzlich andere Zielsetzungen ergeben. Z. B. kann versucht werden, möglichst viele Schläge abwechselnd auszuführen, ohne einen Fehler zu machen. Die Technik wird sich entsprechend der jeweiligen Absicht ändern.
Der begrenzte gemeinsame »Spielraum« birgt eine Reihe von Gefahrenmomenten in sich. So könnte der Spielpartner in vielen Situationen durch Ball oder Schläger bedroht oder verletzt werden. Um diesen Risiken vorzubeugen, sind im Regelwerk des Wettkampfspieles eine Reihe von Vorgaben gemacht, die nicht nur die Verletzungsgefahr mindern, sondern gleichzeitig demjenigen, der sich regelgerecht verhält, auch noch taktische oder numerische Vorteile einbringen können. Einen Punktgewinn zu erzielen, ohne dabei einen Schlag – der den Spielpartner gefährden könnte – anbringen zu müssen, ist logischerweise immer mit weniger Risiko verbunden, als diesen Schlag auszuführen, da in diesem Falle der Ball auch ins Aus gehen könnte. Die wichtigsten Regeln finden sich im Anhang dieses Buches.

Squashcourt mit allen Spielfeldmarkierungen

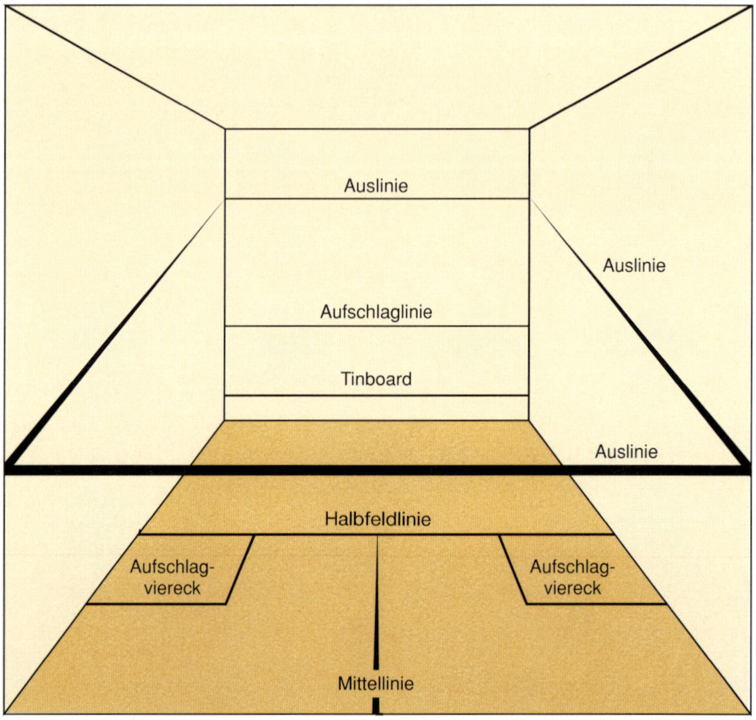

Grundlagen

Spielfeld (Squashcourt)

Ein Squashcourt ist etwa 9,75 Meter mal 6,40 Meter groß. Der Boden ist normalerweise aus nicht versiegeltem und gut abgeschliffenem Holzparkett hergestellt (für internationale Wettkämpfe ist das Vorschrift). Frontwand und Seitenwände bestehen meist aus speziell beschichtetem Beton oder Mauerwerk, die Rückwand aus Glas oder ebenfalls aus Mauerwerk (sog. geschlossene Courts). Um größere Zuschauerzahlen zu ermöglichen, wurden in den letzten Jahren vermehrt Courts gebaut, deren Rück- und Seitenwände aus Glas bestehen. Seit kurzem gibt es sogar Courts ganz aus Glas, die zu besonderen Anlässen in großen Hallen aufgebaut werden können. Die einzelnen Linien im Court sind 50 Millimeter breit. Da sämtliche Markierungslinien im Court beim Squash jeweils nicht zu dem Bereich gehören, den sie begrenzen, sollten die Auslinien möglichst gewölbt (konkav) sein, damit ein Ball deutlich verspringt, wenn er sie berührt.

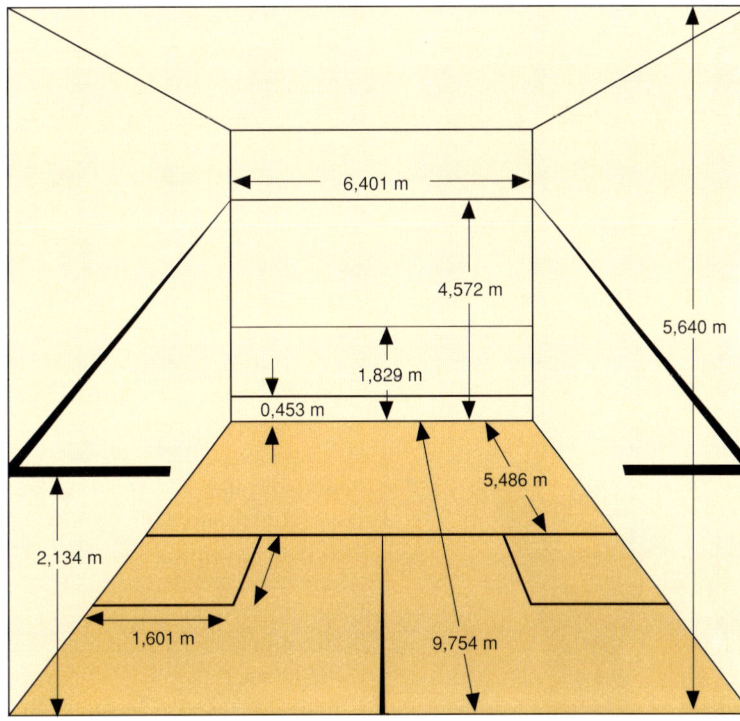

Maße eines für den Wettkampf zugelassenen Squashcourts

Ausrüstung

Um Squash spielen zu können, ist keine teure Ausrüstung notwendig. Zunächst werden nur Schläger und Ball sowie Sportkleidung und -schuhe mit hellen Sohlen bzw. Squashschuhe benötigt.

Schläger (Rackets)

Die Auswahl der heute angebotenen Schläger ist riesengroß und schwer überschaubar. Als Herstellungsmaterialien werden vorzugsweise mit Kohlefasern (Karbon, Graphite, Boron, Kevlar usw.) oder mit Fiberglas verstärkte Kunststoffe verwendet, außerdem Aluminiumlegierungen. Holz hat dagegen seine Vormachtstellung weitgehend verloren und wird nur noch selten und fast ausschließlich zur Herstellung von Billigschlägern verwendet. Die Größe der für den Wettkampfsport zugelassenen Schläger ist genormt. Die meisten Squashrakets werden mit einer Bespannung aus Kunstsaiten geliefert. Rackets ohne Bespannung findet man in den oberen Preisklassen. Naturdarmsaiten ermöglichen dem Spitzenspieler zwar u. U. bessere Ballkontrolle, sind aber kurzlebiger und zugleich teurer als Kunstsaiten. Seit einiger Zeit wird versucht, mit Hilfe von dünnen, enger nebeneinanderliegenden, sehr elastischen Mikrosaiten aus Kunststoff die Spieleigenschaften von Darmsaiten zu erreichen. Entscheidender als die

Squashschläger aus unterschiedlichen Materialien und mit unterschiedlicher Form des Schlägerkopfes

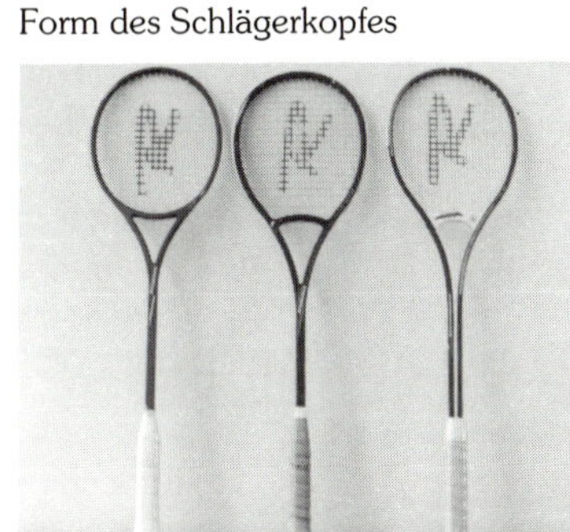

Grundlagen

Verschiedene Squashbälle. Farbige Punkte kennzeichnen die unterschiedliche Sprungfähigkeit

Zweckmäßige Trainingskleidung

Squashschuhe. Deutlich zu sehen ist das speziell auf die Erfordernisse des Spiels abgestimmte Sohlenprofil

Wahl der Saite ist die der Bespannungshärte. Die hohe Verwindungssteifigkeit der heute hergestellten Schläger läßt schon Bespannungen unter 10 Kilopond zu. Als Standardwerte können – abgesehen von den individuellen Ansprüchen einiger weniger Spitzenspieler – 9 bis 13 Kilopond angesehen werden.

Bälle

Ein Squashball hat ca. 4 Zentimeter Durchmesser und besteht aus einer speziellen Kautschuk- oder Gummimischung. Um unterschiedliches Sprungvermögen erkennen zu können, sind die Bälle mit verschiedenfarbigen Punkten gekennzeichnet.
Es bedeutet:

- ○ blauer Punkt = sehr schneller Ball
- ○ roter Punkt = schneller Ball
- ○ weißer Punkt = langsamer Ball
- ○ gelber Punkt = sehr langsamer Ball

Je länger und härter mit einem Ball gespielt wird, desto stärker erwärmt sich dieser. Dadurch erhöht sich die Sprungfähigkeit des Balles. Gute Spieler (Turnierspieler) benützen deshalb einen Ball mit dem gelben Punkt, für Anfänger eignet sich ein Ball mit blauem oder rotem Punkt.
Auch das Sprungverhalten gleichfarbig gekennzeichneter Bälle verschiedener Marken ist oft unterschiedlich. Deshalb wird das bei offiziellen Wettkämpfen zu spielende Ballfabrikat innerhalb einzelner Landes- oder Nationalverbände und deren Ligen meist für eine ganze Saison oder noch längere Zeit festgelegt.

Bekleidung

Squashkleidung muß nicht teuer sein. Es genügen Sport- bzw. Tennisshorts oder Tennisrock. Als Oberbekleidung sind Polohemden oder T-Shirt zweckmäßig. Zu empfehlen ist eine gewisse Sorgfalt bei der Auswahl der Socken, die aus gutem Material sein sollen und genau passen müssen. Die gesamte Kleidung sollte aus möglichst schweißaufsaugendem Material bestehen und in hellen Farben gehalten sein, damit sie einen guten Kontrast zur Farbe des Balles bildet. Zusätzlich ist noch ein Trainings- oder Jogginganzug zu empfehlen, um sich vor, zwischen oder nach den Spielen gegen Abkühlung zu schützen. Nützlich sind ferner Stirn- und Schweißbänder und gegebenenfalls Kleidung zum Wechseln zwischen den einzelnen Spielen (z. B. während eines Turniers).

Schuhe

Die Wahl des richtigen Schuhwerks ist beim Squash von großer Bedeutung. Neben einer nichtfärbenden, abriebfesten Naturkautschuksohle (möglichst mit seitlich hochgezogenem Rand) sollte ein Squashschuh gut aber nicht zu weich gepolstert sein, ein anatomisch geformtes Fußbett haben und so gefertigt sein, daß er auch bei schnell wechselnden Bewegungen immer einen guten Halt bietet. Darüber hinaus sollte er möglichst leicht und dennoch haltbar sein. Die Entwicklung auf dem Schuhsektor ist in den letzten Jahren zügig vorangegangen, so daß heute eine Reihe sehr guter Squashschuhe auf dem Markt sind.

Bewegungstheorie, Grundlagen der Technik

Jedes sportliche Handeln dient (zumindest bei den zielorientierten Sportspielen) immer dazu, eine taktische Absicht zu verwirklichen.
Diese ist abhängig
○ von der jeweils existierenden Spielsituation (Stellung des Spielers im Court, Flugverhalten des Balles usw.),
○ von den individuellen Voraussetzungen des Spielers (Größe, Konstitution, Kondition, Technik, Taktik, Motivation, (Spiel-)intelligenz).

Für das Squashspiel haben sich im Laufe seiner Entwicklung eine Vielzahl von unterschiedlichen Lösungsmustern (Möglichkeiten, mit deren Hilfe taktische Absichten verwirklicht werden können) entwickelt, bewährt und/oder auch verändert; allgemein werden diese Lösungsmöglichkeiten Technikelemente oder auch Schlagtechniken genannt.

Struktur der Schlagtechniken

Jede Analyse einzelner Schlagtechniken muß, sofern auch qualitative, d. h. nicht nur ablauforientierte Merkmale gewonnen werden sollen, die Spielsituation, die taktische Absicht und die individuellen Voraussetzungen des handelnden Spielers berücksichtigen. Dies wird bis heute in vielen Fällen versäumt. Vielmehr wird – nach dem klassischen Muster der Bewegungslehre (vergleiche z. B. MEINEL/SCHNABEL, S. 103 ff.) in Ausholphase (Vorbereitungsphase), Schlag- und Treffphase (Hauptphase) und Ausschwungphase (Endphase) unterschieden, ohne diese im einzelnen auf ihre Wertigkeit in bezug auf das Erreichen des angestrebten Zieles hin zu überprüfen.

Funktionale Bewegungsanalyse

Die einzelnen Phasen eines Schlagablaufes sind unterschiedlich wichtig. Ein Beispiel soll dies verdeutlichen:
Nehmen wir an, Spieler A hat einen Ball halbhoch in das Halbfeld in die Nähe der Seitenwand gespielt. Spieler B antwortet mit einem »Longline« mit »guter Länge« (vergleiche S. 25). Dies kann er tun, indem er frühzeitig in die für ihn beste Schlagposition läuft, weit und lange ausholt, den Schlag verzögert und dann den beabsichtigten Schlag aus vollem Schwung spielt. Er kann aber ebenso, vorausgesetzt er hat die technischen Fähigkeiten, mit einem kurzen, seitlichen Schritt aus der T-Position mit stark verkürztem Schwung den Ball so früh wie möglich spielen und damit Spieler A ein höheres Spieltempo aufzwingen. Ja, Spieler B kann sich bei seinem Schlag sogar absichtlich »falsch«, d. h. abweichend von der sonst für ihn üblichen Stellung zum Ball, postieren, um so Spieler A zu täuschen. Der Ball würde in allen Fällen annähernd gleich fliegen, nämlich parallel zur Seitenwand in den hinteren Teil des Courts, vorausgesetzt B trifft ihn gemäß seiner Absicht.
Eine brauchbare Analyse der Schlagtechniken muß demnach Aussagen über die Wertigkeit der einzelnen Phasen des gesamten Bewegungsablaufes im Hinblick auf das angestrebte Ziel liefern, d. h., sie muß die funktionale Bedeutung jedes einzelnen Bewegungselementes beschreiben.
Diese Art der Analyse einer sportlichen Bewegung bzw. sportlicher Bewegungsabläufe wird als <u>funktionelle Bewegungsanalyse</u> bezeichnet (vergleiche GÖHNER).
Kernstück dieser Analyse sportlicher Bewegungen ist die Unterteilung des Gesamtbewegungsablaufes in Phasen, die unmittelbar und unabhängig von anderen Phasen das Gelingen der Handlung bestimmen (Hauptfunktionsphasen) und solchen, deren Bedeutung sich nur in Abhängigkeit von den Hauptfunktionsphasen ersehen läßt.

Haupt- und Hilfsfunktionen

Zurück zu unserem Beispiel: Betrachten wir Spieler B, so läßt sich erkennen, daß die Schlagvorbereitung (Erreichen der Schlagposition, Ausholbewegung) unterschiedlich, d. h. individuell gestaltet werden kann. Entscheidend für den Flug des Balles in die gewünschte Richtung ist der Moment seines Zusammentreffens mit dem

Grundlagen

4 3 2 1

Phasenstruktur eines Schlages. Im Treffpunkt ist die Stellung des Schlägers für einen bestimmten Schlag exakt definiert

Schläger, der Treffpunkt, denn hier werden Flugkurve und Ballgeschwindigkeit bestimmt. Der Schlägerkopf muß (wenn B seine taktische Absicht »Longline« verwirklichen will) in seiner waagrechten Achse (normalerweise die Schlägerlängsachse) im Moment der Ballberührung parallel zur Frontwand stehen, damit der Ball parallel zur Seitenwand fliegt. Je nachdem, wie weit der Schlägerkopf dabei geöffnet ist (Stellung der senkrechten Achse des Schlägerkopfes, siehe S. 14) und mit welcher Geschwindigkeit er mit dem Ball zusammentrifft, verändern sich Höhe und Länge des Flugweges sowie die Ballgeschwindigkeit. Trifft B den Ball wie beschrieben, so spielt er in allen Fällen – unabhängig von der unterschiedlichen Schlagvorbereitung und auch vom Ausschwung nach dem Treffen – einen Longline. Deshalb bezeichnen wir den Moment des Aufeinandertreffens von Schläger und Ball, also den Treffpunkt, als Hauptfunktionsphase oder Hauptfunktion des Schlages. Alle anderen Teile der Schlagbewegung können demnach als Hilfsfunktionsphasen bezeichnet werden, nämlich das Ausholen, das Schlagen und das Ausschwingen. Entsprechende Untersuchungen (z. B. im Tennis und Badminton) haben aber gezeigt, daß nach dem Beginn der Schlagbewegung in Richtung Treffpunkt eine Korrektur im Hinblick auf eine Veränderung des Treffpunktes fast nicht mehr möglich ist. Es besteht also eine enge Abhängigkeit zwischen Treffen und Schlagen, und zwar umso mehr, je näher der Schläger dem Treffpunkt kommt. Daher erscheint es aus der Sicht des Spielers angebracht, diesen Teil des Schlages und das Treffen selbst zur Hauptaktion zusammenzufassen.
Je größer der räumlich-zeitliche Abstand zum Treffpunkt ist, desto vielfältiger sind die individuellen Gestaltungsmöglichkeiten in der

Die Möglichkeiten der Schlagausführung nehmen zum Treffpunkt hin stark ab. Der Ausschwung läßt wieder mehr Raum für Eigenheiten des Spielers

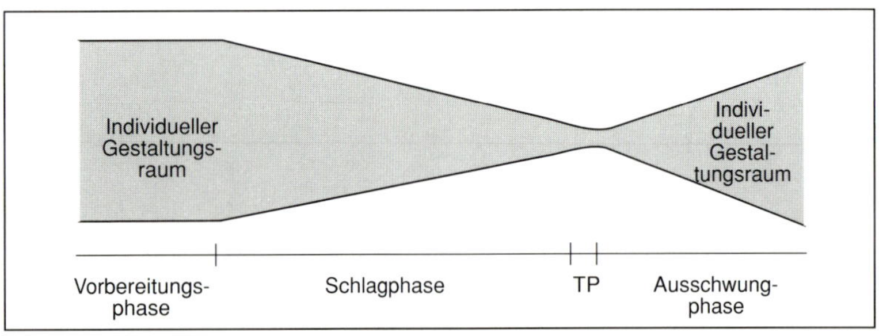

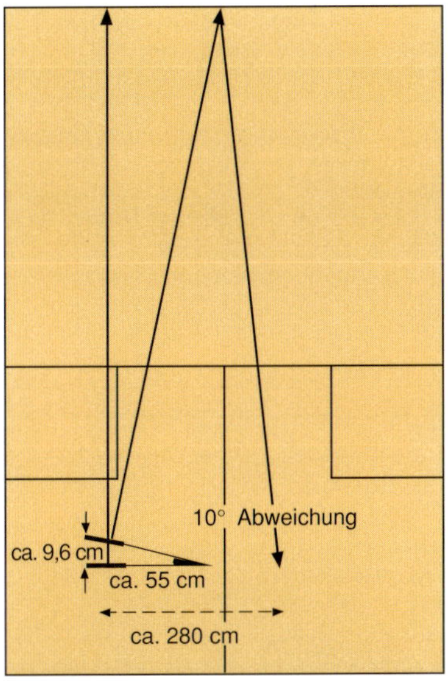

Bereits eine Abweichung des Schlägerkopfes von ca. 10 cm im Treffpunkt hat (bei einem Longline aus dem hinteren Halbfeld) eine Abweichung von fast 3 m zur Folge

jeweiligen Bewegungsphase. Und umgekehrt: im letzten Abschnitt vor und während des Treffpunktes führt jede noch so geringe Abweichung von der geforderten Stellung des Schlägers zu deutlichen Abweichungen vom angestrebten Ziel (Abb. oben). Die Bedeutung der Hilfsfunktionen (Ausholen und Ausschwingen) liegt dementsprechend einerseits darin, optimale Voraussetzungen für die Hauptaktion zu schaffen (Ausholen), und diese andererseits ungestört zu Ende zu bringen (Ausschwingen).

Zusammenfassung

Damit ein Squashschlag erfolgreich ausgeführt werden kann,

○ muß sich der Schlägerkopf im Treffpunkt in einer durch die jeweilige taktische Absicht genau bestimmten Stellung befinden;

○ muß der Schläger im Treffpunkt eine entsprechend der Spielabsicht dosierte kinetische Energie (Beschleunigungsenergie) aufweisen;

○ sollen durch die Schlagvorbereitung (Ausholbewegung, Bewegung zum Ball, Beinarbeit) optimale Voraussetzung für die Hauptaktion geschaffen werden;

○ soll durch den Ausschwung gewährleistet werden, daß die Hauptfunktion ungestört bis zum Ende durchgeführt werden kann;

○ können Vorbereitungs- und Ausschwungphase stark individuell ausgeprägt sein (sie sollten nur »zweckmäßig« im oben genannten Sinne sein);

○ ist die Hauptaktion – zum Treffpunkt hin zunehmend – durch das vorgegebene Ziel weitgehend in ihrem Ablauf festgelegt.

Gesetzmäßigkeiten des Flug- und Absprungverhalten des Balles

Die erfolgreiche Lösung einer Spielsituation ist – wir haben es bereits gesagt – davon abhängig, daß der Ball entsprechend den taktischen Absichten gespielt wird.
Dabei sind in Folge der Schlagbewegung Geschwindigkeit, Richtung, Drall und das Zurückprallen des Balles von der Wand (Wänden) zu berücksichtigen. Die squashspezifischen Flugkurven und das Absprungverhalten des Balles können mit grundlegenden physikalischen Gesetzmäßigkeiten erklärt werden.

Ross Norman (Neuseeland) demonstriert hier vorbildliche Beinarbeit und perfekte Ballkontrolle

Grundlagen

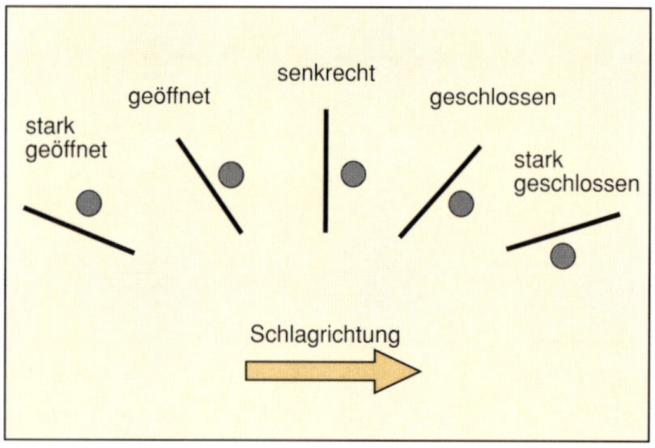

Links: Schlägerstellungen beim Squash (modifiziert nach ESPIE/SKLORZ 1984)

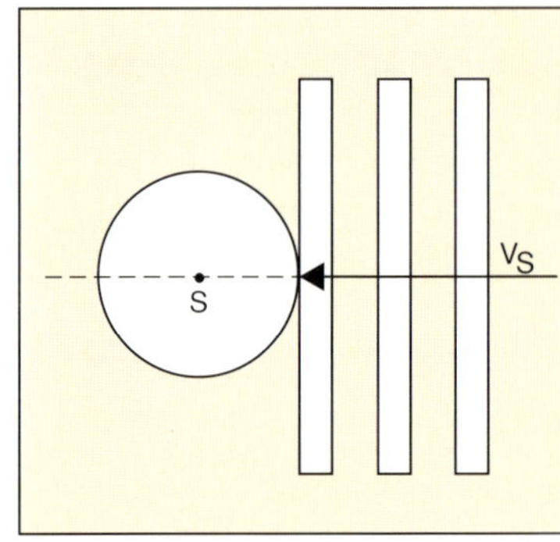

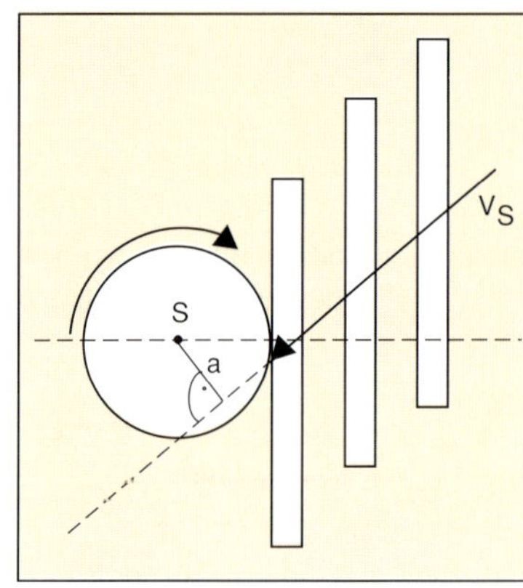

In den Abbildungen rechts sind die Auswirkungen auf den Ball beim Treffen zentral und exzentrisch dargestellt. Beim zentralen Treffen (oben) ist der Schlagimpuls direkt auf den Schwerpunkt des Balles gerichtet, es entsteht kein Drall. Beim exzentrischen Treffen (unten) geht ein Teil der Energie des Schlages am Schwerpunkt vorbei und wird in Rotationsenergie umgewandelt.
v_s = Geschwindigkeit des Schlägers
s = Schwerpunkt des Balles
a = Abstand des Schlagimpulses vom Schwerpunkt

Das Treffen

Aufgrund der unterschiedlichen Schlägerstellungen beim Kontakt zwischen Schläger und Ball sowie der Geschwindigkeit des Schlägers im Treffpunkt, kann der Ball beschleunigt oder verlangsamt werden.
Ferner wird durch zentrales oder exzentrisches Treffen (horizontal und/oder vertikal) die spätere Flugbahn des Balles und sein Absprungverhalten wesentlich mitbeeinflußt.

Die Flugbahn

Bestimmungsgrößen für die Flugbahn sind die Geschwindigkeit des ankommenden Balles sowie die Beeinflussung durch den beschleunigenden Schläger. Die Abflugrichtung ist unter Berücksichtigung des späteren Rückpralls von Front- und ggf. Seitenwand zu bestimmen. Entscheidend für die Flugbahn ist vor allem der Winkel, mit dem der Ball gegen die Frontwand gespielt wird.
Ferner wird die Flugbahn durch den Drall mitbestimmt, der entsprechend der Schlägerhaltung und -bewegung beim Treffen entsteht. Je nach Drall wirken unterschiedliche Strömungsverhältnisse und Kräfte auf den Ball ein, deren Bedeutung für die Flugbahn in anderen Rückschlagspielen wie Tennis und Tischtennis größer ist als beim Squash. Aus diesem Grund wird der genannte Aspekt nicht näher ausgeführt. (Vergleiche Tennis-Lehrplan 2, Tischtennis-Lehrplan 4.)

Flugbahnen im Squash in Abhängigkeit vom Winkel zur Frontwand

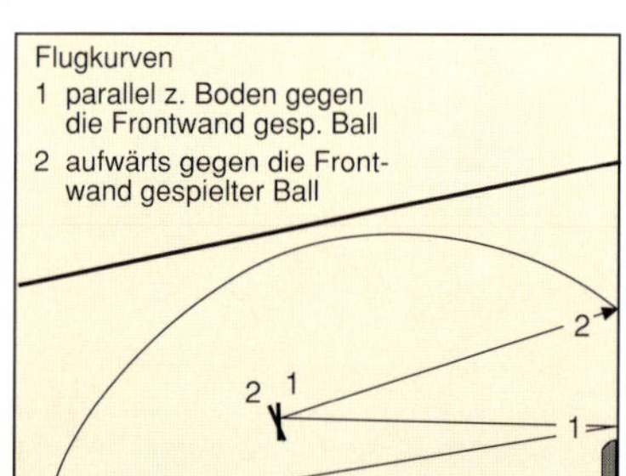

Zu unterscheiden sind beim Squash drei Flugphasen. Die erste beinhaltet die Flugbahn vom Schläger zur Wand, die zweite die Flugbahn von der ersten Wandberührung bis zum Boden, die dritte die Flugbahn nach dem Absprung vom Boden. Bei Schläger- und Wandkontakt wird der Ball in Abhängigkeit von der Schlaghärte unterschiedlich stark deformiert, so daß sich die Flugeigenschaften verändern. Bei extrem harten Schlägen können sich die Innenwände des Balles berühren. Dies hat zur Folge, daß der Ball seine Elastizität verliert und überhaupt nicht mehr springt. Schwer zu kontrollierende Effekte ergeben sich auch, wenn der Ball mit dem Rahmen getroffen wird, da der Ball nur auf kleiner Fläche deformiert wird

und bei der Ausdehnung die aufgrund der Schlagrichtung zu erwartende Flugbahn verläßt. Im Normalfall bei relativ zentralem Treffen wird beim Aufprall an der Wand die Luft im Ball zusammengepreßt und der Ball deformiert. Bei der anschließenden Ausdehnung nimmt der Ball wieder seine ursprüngliche Form an. Durch den Wandkontakt verliert der Ball in jedem Fall Energie und wird langsamer.
Eine Reihe von Zusatzbedingungen beeinflussen ebenfalls die Flugbahn. So haben Bälle aufgrund von Gewichts- und Elastizitätsunterschieden ein verändertes Flug- und Absprungverhalten. Schwer und langsam sind die Bälle mit dem gelben Punkt, leichter und damit sprungkräftig die Bälle mit dem blauen Punkt. Unterschiede im Flug- und Sprungverhalten – wenn auch in geringerem Maß – sind auch zwischen neuen und alten Bällen festzustellen.
Das Baumaterial und die Verarbeitung von Wand und Courtboden müssen hinsichtlich der Flugbahn des Balles ebenfalls mitberücksichtigt werden. Es gibt »schnelle« und »langsame« Courts mit glatten oder rauhen Wänden, abgeschliffene und versiegelte Böden und schließlich beeinflussen nicht zuletzt die klimatischen Bedingungen wie Luftfeuchtigkeit und Temperatur die Flugbahn des Balles. Diese Bedingungen können so bedeutend sein, daß dadurch die Spieltaktik mitbestimmt wird.

Das Absprungverhalten

Einige Faktoren, die die Flugbahn beeinflussen, bestimmen auch das Absprungverhalten des Balles, und die darauf folgende dritte Flugphase. Entscheidend für den Absprung sind Geschwindigkeit, Aufsprungwinkel und Drall des Balles. Ferner müssen die zuvor genannten Zusatzbedingungen mitberücksichtigt werden.
Beim Squash kommt es darauf an, unterschiedliche Bedingungen für das Flug- und Absprungverhalten des Balles so zu kombinieren, daß ein Schlag entsprechend der taktischen Absicht optimal ausgeführt werden kann. Die Abfluggeschwindigkeit des Balles wird im wesentlichen über die Beschleunigung des Schlägers in der Hauptfunktionsphase reguliert. Hinzu kommen die kombinierten Wirkungen von Abflugwinkel und Drall, mit dem der Ball gespielt wird.
Mit Hilfe eines einfachen Beispiels sollen die Effekte von Drall und Absprung verdeutlicht werden. Unter der Bedingung, daß Bälle ohne und mit Rückwärtsdrall von der gleichen Spielfeldposition parallel zum Boden und mit gleicher Härte gegen die Frontwand gespielt werden, entstehen folgende Effekte.
Bälle ohne Drall haben einen annähernd gleichen Aufsprung- und Absprungwinkel. Dadurch, daß der Ball beim Aufsprung geringfügig rutscht, entsteht ein leichter Vorwärtsdrall. Der Ball wird nach dem Absprung insgesamt etwas langsamer.
Bei Bällen mit Rückwärtsdrall kommt der Ball unter den genannten Bedingungen für den Gegenspieler mit umgekehrtem Drall aus der Wand zurück. Der Rückwärtsdrall wird demnach gespielt, um die Effekte des Vorwärtsdralls auszunutzen, denn beim Aufsprung verkleinert sich der Absprungwinkel, der Ball springt demzufolge flacher ab, der Vorwärtsdrall verstärkt sich, die Drallgeschwindigkeiten summieren sich, und der Ball springt schneller ab (vergleiche Tennislehrplan 2, S. 35).
Die mit Rückwärtsdrall erzielten Effekte sind für das Spielen von Bällen mit guter Länge von besonderer Bedeutung, da der Gegenspieler schneller passiert werden kann und durch den flachen Absprung die Rückspielmöglichkeiten zusätzlich erschwert werden. Aus diesen Gründen werden Bälle mit Rückwärtsdrall im Squash häufig gespielt. Durch die Wirkungen des Aufpralls an der Frontwand, muß sich der Rückschläger auf Flugeigenschaften von Bällen mit Vorwärtsdrall einstellen. Gelegentlich werden im Squash aber auch Bälle mit Vorwärtsdrall gespielt. Diese »Trickschläge«, bei denen der Gegenspieler zuvor getäuscht wird, werden hier nicht behandelt.
Bälle können auch mit kombinierten Drallwirkungen gespielt werden. Seiten- und Rückwärtsdrall ermöglichen z. B. bei Stoppbällen, daß der Ball länger und

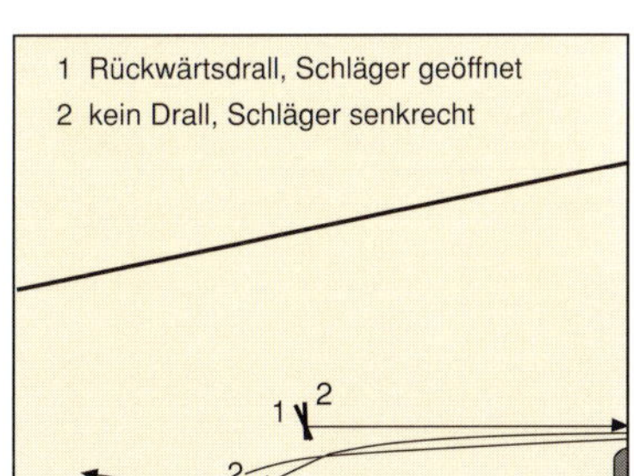

Unterschiede im Absprungverhalten beim Ball mit und ohne Drall

Grundlagen

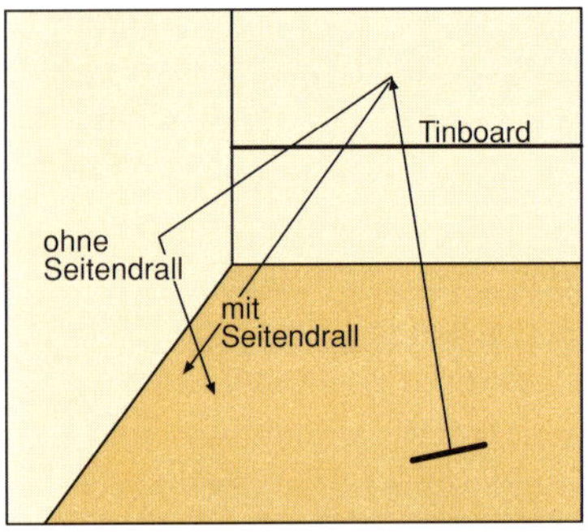

Stoppball mit kombinierten Wirkungen von Rückwärts- und Seitendrall

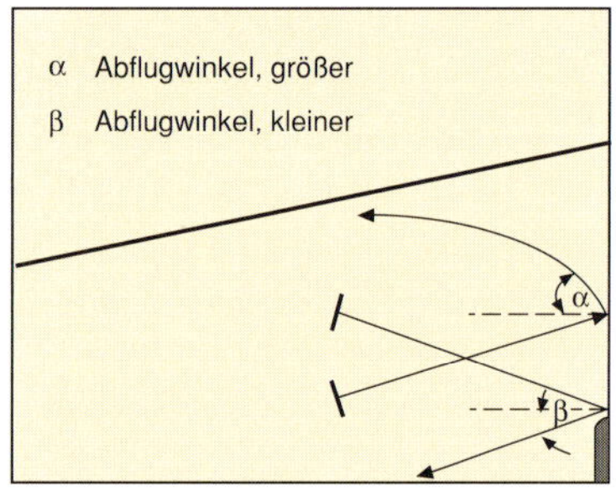

Absprungwinkel bei Bällen, die stark aufwärts oder abwärts gespielt werden

näher an Boden und Seitenwand bleibt und ein nicht exakt gespielter Ball weniger früh durch die Seitenwand reflektiert wird und in den Court zurückspringt (Abb. oben).
Damit wird für den Gegner der Rückschlag erschwert. Er muß sehr früh in die Schlagposition laufen und hat weniger Möglichkeiten, sein Spiel offensiv zu gestalten. Je höher die Ballgeschwindigkeit und je stärker der Drall sind, umso deutlicher sind die beschriebenen Effekte.

Bei dem vorgestellten Beispiel war die Abflugrichtung des Balles parallel zum Boden festgelegt. Im Wettkampf werden jedoch überwiegend auf- oder abwärts geschlagene Bälle gespielt. Der exakt parallel zum Boden gespielte Ball dürfte die Ausnahme sein. Stark aufwärts werden z. B. Lob und Lob-Aufschlag gespielt, leicht aufwärts die meisten Longline-Bälle. Stark abwärts wird z. B. ein Überkopf-Volley crosscourt ins Nick gespielt. Wenn davon ausgegangen wird, daß alle Bälle mit Rückwärtsdrall gespielt werden, verändern sich durch den Wandkontakt die Absprungwinkel. Abschließend wird in der untenstehenden Tabelle eine Übersicht gegeben, welche Schläge in Abhängigkeit von Schlagposition, Treffhöhe und Länge der Flugbahn auf- bzw. abwärts gespielt werden.

Häufig gespielte Schläge und deren Abflugwinkel

Schlag	Position	Schlaghärte	Treffhöhe	Abflugwinkel
Longline	Vorderfeld	hart	Knie-Fuß	fast parallel
Longline	Halbfeld	mittel-hart	Knie	leicht aufwärts
Longline	Rückfeld	weich-hart	Knie	halb aufwärts
Crosscourt	Vorderfeld	mittel-hart	Knie	fast parallel
Boast	Rückfeld	mittel-hart	Knie-Fuß	fast parallel
Aufschlag (fest)	Halbfeld	mittel	Schulter	leicht aufwärts
Aufschlag (Lob)	Halbfeld	gering	Hüfte-Knie	stark aufwärts
Lob	Vorderfeld	gering	Knie-Fuß	stark aufwärts
Stop	Vorderfeld	gering	Knie-Fuß	leicht auf-/abwärts
Volley-Stop (gerade)	Halbfeld	gering	Knie-Kopf	leicht-halb abwärts

Grundstellung, Erwartungshaltungen

Nach jedem eigenen Schlag sollte ein Spieler möglichst schnell zur T-Position zurückkehren und dort auf die »Antwort« (also auf den Schlag seines Spielpartners) warten. Diese Stellung im T bezeichnen wir als Grundstellung oder Erwartungshaltung, die Bewegungsbereitschaft gewährleistet. Der Schläger sollte vor dem Körper etwa in Brusthöhe gehalten, das Gewicht gleichmäßig auf beide Fußballen verteilt werden.

Grundstellung; Blick auf den Ball

Der Blick ist dabei immer auf den Ball gerichtet (Abb. links unten). Jeder Spieler sollte versuchen, möglichst nach jedem Schlag in diese Stellung zu gelangen, da
○ von hier aus jede Ecke des Courts gleichschnell erreicht werden kann,
○ eine Reaktion in alle Bewegungsrichtungen gleichschnell möglich ist,
○ die Spielhandlung des Spielpartners ständig beobachtet werden kann.
○ dem Spielpartner die Möglichkeit genommen wird, Bälle durch die Courtmitte zu spielen.

Von der Erwartungshaltung im T ist die Erwartungshaltung bei der Annahme des Aufschlages zu unterscheiden. Hier sollte der Spieler eine Position in Verlängerung der Diagonalen durch das Aufschlagviereck beziehen, da er sich dort in bezug auf die möglichen verschiedenen Aufschläge in einer guten Rückschlagposition befindet (Abb. unten).

Haltung in Erwartung des Aufschlags

Schlagstellung

Mit Schlagstellung wird die Stellung eines Spielers während der Hauptaktionsphase bezeichnet. Von wenigen Ausnahmen (in den hinteren Ecken und beim Volley) abgesehen gilt (für Rechtshänder): Bei allen Vorhandschlägen steht immer das linke Bein näher am Ball, bei allen Rückhandschlägen das rechte Bein. Um eine stabile Schlagposition zu erhalten, sollte der seitliche Abstand der Füße zueinander nicht zu gering, sondern ungefähr schulterbreit sein. Das Einnehmen einer korrekten Schlagstellung gewährleistet in vielen Fällen eine bessere Ballkontrolle und dementsprechend eine höhere Schlaggenauigkeit.

Schlagstellung unmittelbar nach dem Treffpunkt. Deutlich zu sehen ist hier bei Mark Robberts die Verlagerung des Gewichts auf das vordere Bein

Grundlagen

Laufbewegungen

Ein Squashspiel besteht zu großen Teilen aus Laufarbeit. Deshalb muß deren Ökonomisierung große Bedeutung zugemessen werden.

Grundsätzlich gilt:

○ Nicht zu nahe an die Seitenwände laufen, da sonst der Schwung des Schlages beeinträchtigt wird.

○ Zuerst die Strecken vorwärts/rückwärts nahe der Courtmitte zurücklegen, dann erst die seitlichen Abstände zum Ball ausgleichen. Dadurch wird ein zu direktes Anlaufen des Balles vermieden.

○ Die Laufarbeit, wenn möglich immer auf der T-Position beginnen und beenden. Das sofortige Zurückkehren nach dem Schlag gehört ebenso unverzichtbar zum Squash, wie das Laufen zum Ball. Wenn eine »Laufpause« (d. h. eine Ruhepause zwischen zwei Schlägen) während eines Ballwechsels möglich ist, so sollte der Spieler diese auf der T-Position machen.

○ Den letzten Schritt in die Schlagstellung möglichst in Schlagrichtung setzen. Dadurch wird über den Einsatz des Körpergewichtes die Energieübertragung auf den Ball im Treffpunkt unterstützt (gilt nicht für die Hintere-Ecken-Technik).

○ Die Laufbewegung zum Ball so frühzeitig abbremsen, daß genügend Platz für einen schwungvollen Schlag bleibt.

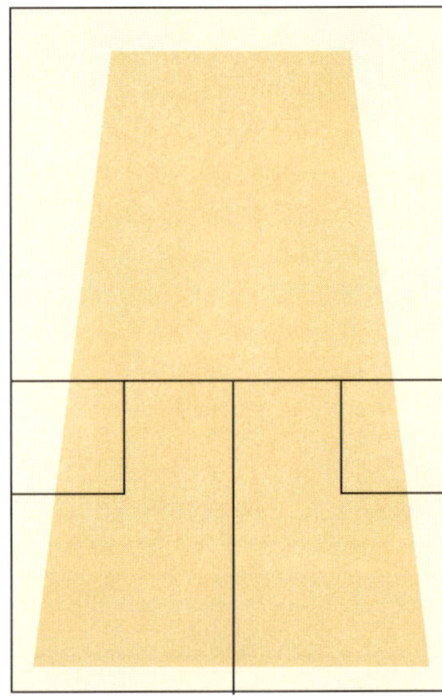

Die Laufbewegungen sollten nur innerhalb des dunkel markierten Raumes stattfinden

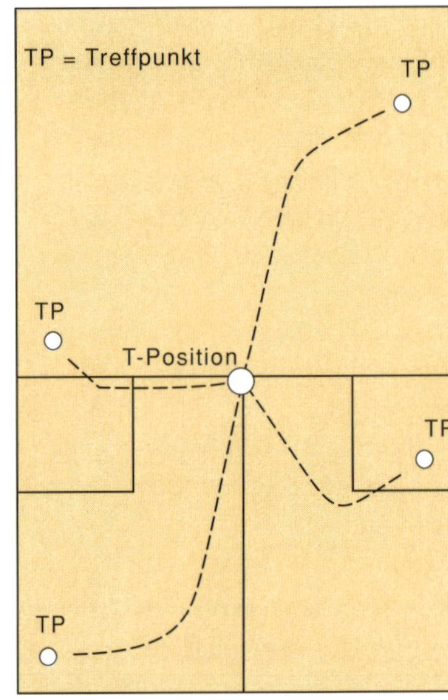

Beispiele zum Anlaufen von Schlagstellungen in unterschiedlichen Bereichen des Courts

Aus dieser Perspektive läßt sich deutlich der Abstand des Spielers zur Seitenwand erkennen

Beinarbeit während des Schlages

Während des Schlages wird das Körpergewicht auf das zuletzt gesetzte, ballnähere Bein verlagert. Dabei muß dieses je nach angestrebtem Treffpunkt gebeugt oder auch gestreckt werden (Abb. rechts). Zum Zeitpunkt des Treffens sollte der Spieler sich bereits in der Schlagposition befinden, da so die Gesamtkoordination des Schlages wesentlich vereinfacht wird. In Extremsituationen kann ein Schlagen aus vollem Lauf notwendig sein, wenn der Ball sonst nicht mehr erreicht würde. In diesen Fällen sollten möglichst »Sicherheitsschläge« verwendet werden (vergleiche S. 29), da das Risiko eines hart und knapp über das Tin gespielten Angriffsballes durch die komplexe Bewegung noch zusätzlich gesteigert wird. Nach einem Schlag aus der vorderen Courthälfte soll die Laufrichtung niemals durch eine Körperdrehung geändert, sondern es soll immer rückwärts bzw. rückwärts-seitwärts wieder zum T zurückgekehrt werden, da durch das Umdrehen der Ball einen Moment lang aus dem Blickfeld verschwindet.
Zu einer Ökonomisierung der Laufarbeit gelangt man vor allem, indem für die einzelnen Positionen im Court genaue Abfolgen der einzelnen Schritte festgelegt werden. Diese sogenannten Schrittkombinationen können nicht generell für alle Spieler in gleicher Weise gelten, sondern sind weitgehend von den konstitutionellen Voraussetzungen (z. B. Schrittlänge, Beinkraftniveau, Beweglichkeit usw.) des einzelnen abhängig.

Auf diesen beiden Bildern ist deutlich die Beinarbeit in Abhängigkeit von der Höhe des jeweiligen Treffpunktes erkennbar

Grundlagen

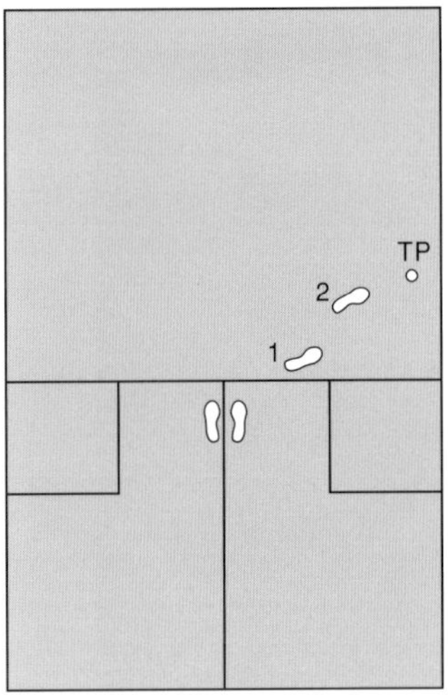

1

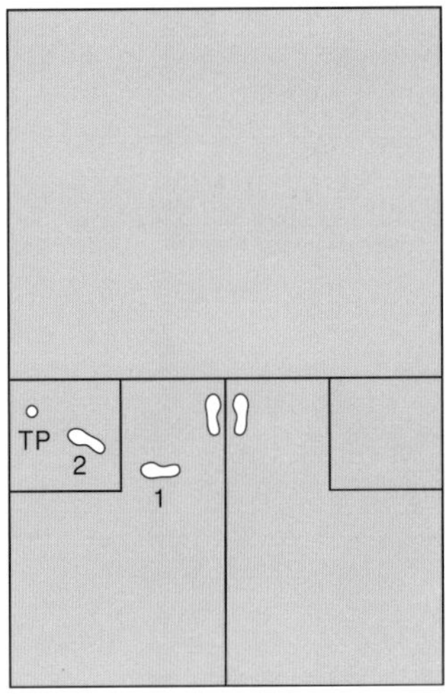

2

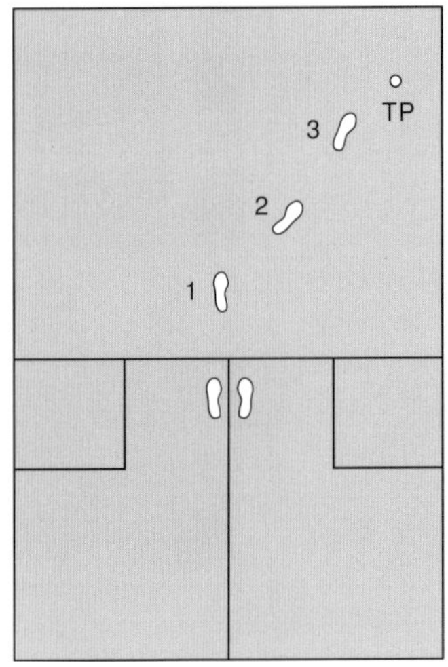

3

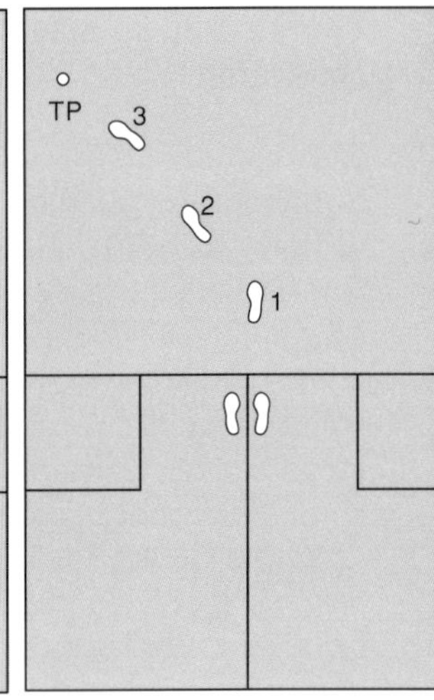

4

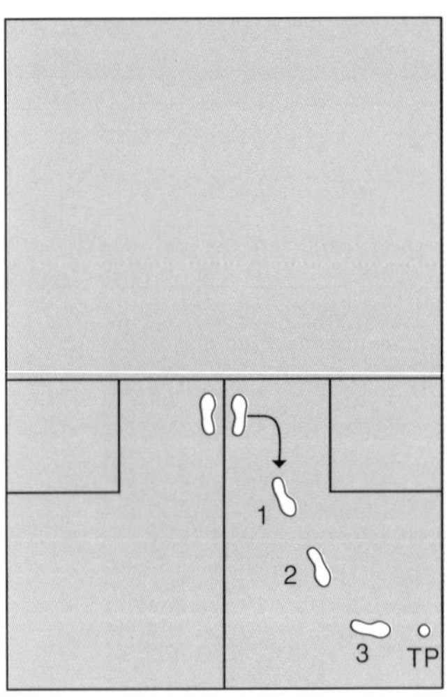

5

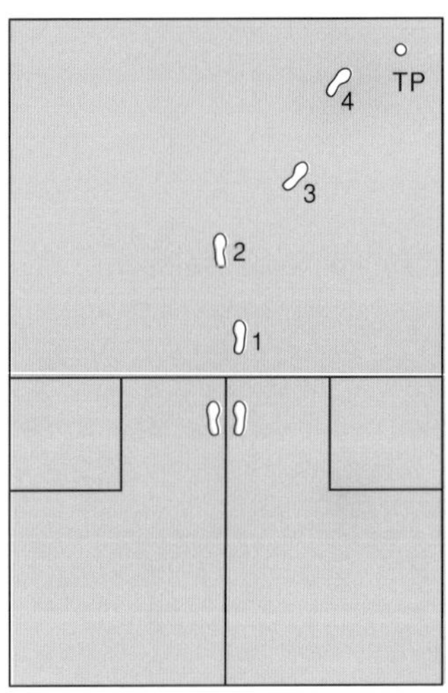

6

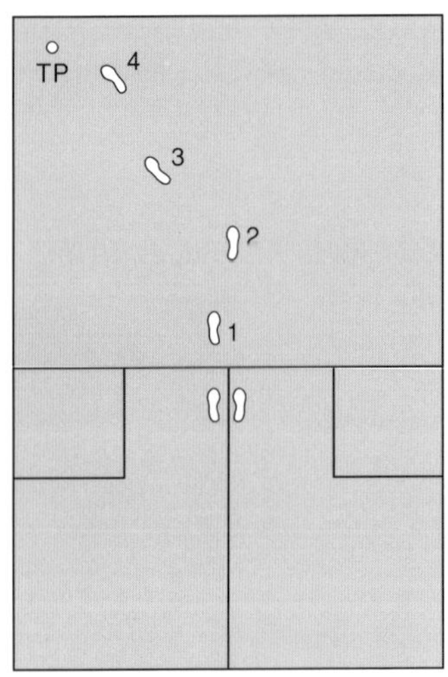

7

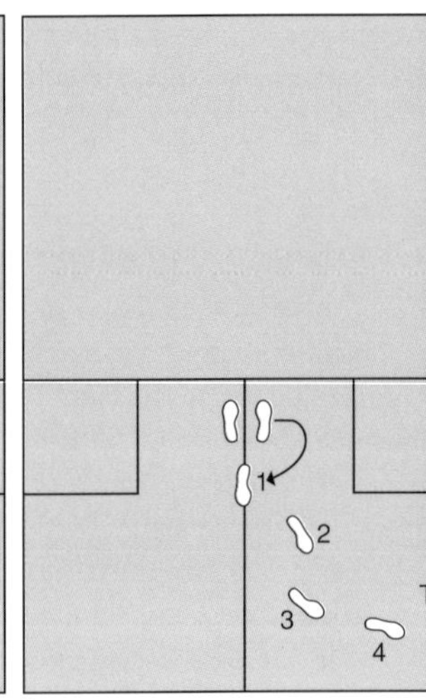

8

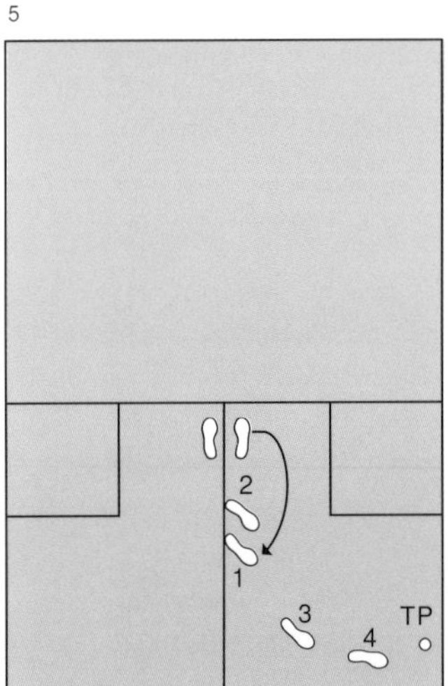

9

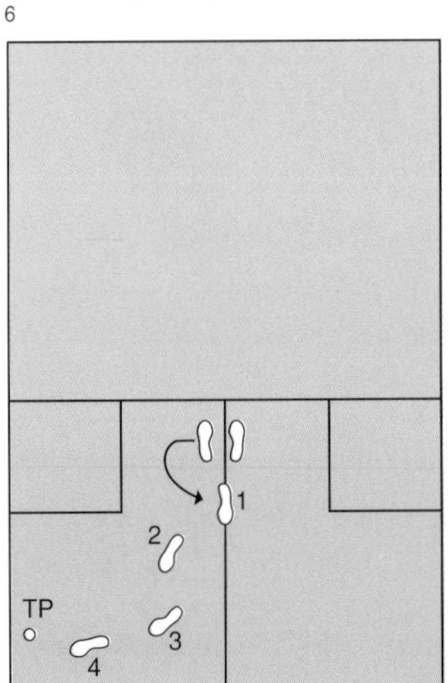

10

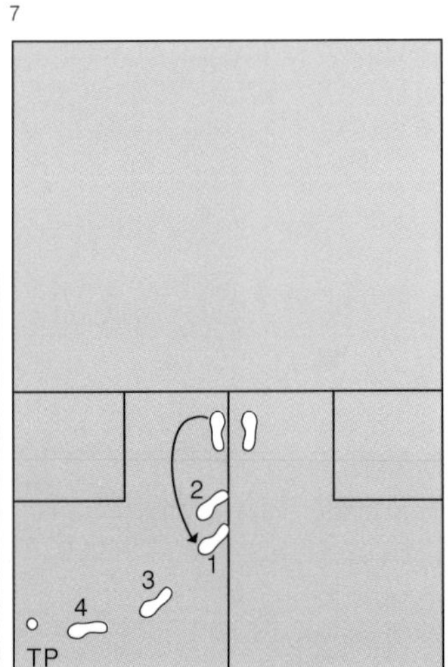

11

Die einzelnen Abbildungen zeigen verschiedene Schrittkombinationen, mit denen verschiedene Punkte im Court angelaufen werden können: 1,2 Zweier-Rhythmus, 3 bis 5 Dreier-Rhythmus, 6 bis 8, 10 Vierer-Rhythmus mit Wechselschritten, 9, 11 Vierer-Rhythmus mit Nachstell- und Wechselschritten. Deutlich zu sehen ist, daß, sofern nötig, mit den ersten Schritten jeweils die in Längsrichtung des Courts verlaufenden Wege zurückgelegt werden. Der letzte Schritt wird möglichst in Richtung der Schlagbewegung gesetzt.

Mögliche Schrittkombinationen

Schlagstellungen im Halbfeld werden meistens durch eine Zwei-Schritte-Kombination (sog. Zweier-Rhythmus) erreicht. Dabei wird der erste Schritt so ausgewählt, daß der Spieler deutlich hinter den gewünschten Treffpunkt gelangt. Der Rückweg zum T erfolgt möglichst direkt.

Die Positionen im vorderen und hinteren Courtbereich werden normalerweise durch einen Dreier- oder Vierer-Rhythmus angelaufen. Dabei sind sowohl Kreuz- wie auch Nachstellschritte möglich. Jeder Spieler muß seine individuell zweckmäßigen Schritt-Rhythmen im Laufe des Trainingsprozesses selbst finden. Aber: einmal gefundene Rhythmen sollten so konsequent wie möglich eingehalten werden, da bekannte (gelernte) Bewegungsabläufe immer eine höhere Bewegungspräzision gewährleisten als zufällige. Allerdings können sich im Laufe eines längerfristigen Trainingsprozesses aus taktischen Gründen Situationen ergeben, in denen die Umstellung solcher gelernten Bewegungsmuster sich als leistungssteigernd erweist.

Zur Bewegungspräzision

Es wurde bereits beschrieben, daß jede Schlagtechnik aus mehreren Teilbewegungen (Phasen) zusammengesetzt ist, die räumlich und zeitlich voneinander abhängen und miteinander koordiniert werden müssen. Die Genauigkeit dieser Bewegungen bzw. Bewegungsfolgen hängt dabei, einen gleichen Stand an Bewegungskönnen vorausgesetzt, unmittelbar davon ab, wieviele Teilbewegungen pro Zeiteinheit miteinander verbunden werden müssen. Beispielsweise wird ein Spieler, wenn er zu Beginn der Schlagphase seine Schlagstellung schon erreicht hat, einen exakteren Schlag anbringen können, als ihm das aus vollem Lauf heraus möglich ist (vgl. S. 19). Gleichermaßen wird sich die Qualität seines Schlages dann erhöhen, wenn ihm genügend Zeit für eine vollständige Ausholbewegung bleibt. Es liegt nun nahe einzuwenden, gerade Spitzenspieler verzichteten ganz bewußt auf vollständige Ausholbewegungen und zum Teil auch auf die korrekte Stellung zum Ball. Dies geschieht tatsächlich häufig, vor allen Dingen, um das Spieltempo zu erhöhen. Diese Spieler nehmen in einem solchen Fall den Genauigkeitsverlust bewußt in Kauf. Ihre Schlagtechniken sind insgesamt aber so präzisiert und feinkoordiniert, daß sie diesen Nachteil ohne Qualitätsverlust des Spieles kompensieren können.

Zum Schlagablauf

Eine wesentliche taktische Absicht bei fast jedem Schlag im Squash besteht darin, den Spielpartner möglichst lange im Ungewissen darüber zu lassen, welche Technik angewendet, wohin und mit welcher Geschwindigkeit und Flugkurve der Ball gespielt wird. Dazu muß die Schlagvorbereitung so ausgeführt werden, daß sie mehrere Techniken bis kurz vor dem Treffpunkt ermöglicht.

Beschleunigung des Schlägers

Unter (bio-)mechanischen Aspekten läßt sich die kinetische Energie (Beschleunigungsenergie) mit der der Schläger im Moment des Treffpunktes auf den Ball wirkt, als Summe vieler Teilimpulse einer sog. »Impulskette« darstellen, deren einzelne Glieder im wesentlichen Beine und Rumpf, dann Schulter, Oberarm, Ellbogen, Unterarm, Handgelenk, Hand und schließlich der Schläger (-kopf) sind (vergleiche z. B. Hasselbach/Härtel, S. 35).

Um eine optimale Beschleunigung zu erreichen, muß

- der Schläger zu Beginn des Beschleunigungsvorganges möglichst weit vom Treffpunkt weg, möglichst genau entgegengesetzt der gewollten Flugrichtung des Balles (»hinter den Ball«) gebracht werden,
- jeder Teilimpuls der kinetischen Kette in die gleiche Richtung wirken und so fließend ineinander übergehen, daß daraus eine möglichst vollständige Summierung der Teilimpulse resultiert,
- die Verlaufslinie des Beschleunigungsweges möglichst stetig gekrümmt sein (vergleiche z. B. Hochmuth, S. 160 ff.),
- der Treffpunkt möglichst nahe dem Ort sein, an dem das Beschleunigungsmaximum erreicht wird.

Der möglichst große Abstand zum Treffpunkt zu Beginn der Beschleunigungsphase wird zunächst durch eine gute Laufarbeit erreicht. Der schnelle

4 3 2 1

Optimale Ausholbewegung zu Beginn des Schlages

Spielverlauf erfordert zusätzlich, daß die Schlagvorbereitung (Ausholbewegung; Schlägerrückführung zum Anfangspunkt der Hauptaktionsphase) so früh wie möglich, d. h. spätestens mit dem Beginn der Laufarbeit, erfolgt. Eine optimale Schlagvorbereitung ist dadurch gekennzeichnet, daß der Umkehrpunkt des Schlägers beim Übergang von der Aushol- zur Schlagphase gleichzeitig ein deutlich erkennbarer Ruhepunkt ist, daß zwischen diesen beiden Bewegungsabschnitten also eine (beobachtbare) Pause liegt.
Ein späteres Ausholen hat in den meisten Fällen zur Folge, daß, bedingt durch die zeitliche Knappheit, die Schlagphase zu einem Zeitpunkt begonnen werden muß, der eine ausreichende Beschleunigung nicht mehr zuläßt.
Eine Störung der fließenden Aufeinanderfolge der einzelnen Teilbewegungen tritt häufig dann ein, wenn die räumlichen Bedingungen während des Schlagablaufes ungünstig gewählt sind. Ein zu nahes Stehen zum Ball beispielsweise erfordert ein Abbremsen einzelner Bewegungsteile und hemmt damit den Bewegungsschwung. Umgekehrt ist eine ungehindert-schwungvolle Schlagausführung meist ein sicheres Zeichen für eine optimale Beschleunigung.
Dem richtigen (seitlichen) Abstand zum Ball während der Hauptaktion kommt deshalb besondere Bedeutung zu (Abb. rechts oben).

Die verkürzte Ausholbewegung hat eine geringere Schlaghärte und oft fehlende Genauigkeit zur Folge

1 2 3 4

Seitlicher Abstand zum Ball

Treffpunkt – Strecke der möglichen Treffpunkte

Am Ende der Ausholbewegung, also im Umkehrpunkt, sollte sich der Schäger mindestens in Kopfhöhe des Spielers, noch besser darüber, befinden. Während der Beschleunigung beschreibt der Schlägerkopf eine im ersten Teil fast senkrecht abfallende Kurve, die im zweiten Teil möglichst horizontal, also fast parallel zum Boden in Schlagrichtung verläuft, und erst im letzten Teilstück (Ausschwung) wieder stärkere vertikale Anteile aufweist (Abb. unten).

Die einzelnen Phasen eines Schlages

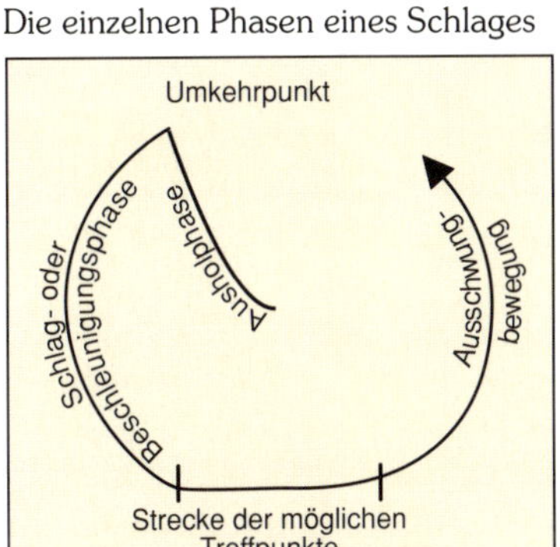

Im zweiten Teilstück dieser Kurve liegt der Treffpunkt. Der Schläger bewegt sich hier annähernd auf einer Ebene mit dem (ankommenden) Ball. So entsteht ein Bereich vor dem Körper des Spielers, auf dem dieser den für ihn günstigsten Treffpunkt wählen kann. Diesen Bereich bezeichnet man als »Strecke der möglichen Treffpunkte«. Welcher Punkt der Strecke als tatsächlicher Treffpunkt gewählt wird, ist im konkreten Fall hauptsächlich von der angewendeten Technik abhängig.

Pronation und Supination

Im ersten Teil der Kurve wird der Schlägerkopf so weit geöffnet, daß er fast waagrecht steht, wenn der horizontale Bewegungsteil beginnt. Dies geschieht auf der Vorhandseite durch ein starkes Nach-außen-Drehen des Unterarmes (sog. Supination) gekoppelt mit einem Nach-vorne-Bringen des Ellbogens. Dadurch entsteht im Unterarm eine Vorspannung, die im horizontalen Teil der Bewegung das Nach-innen-Drehen des Unterarmes (sog. Pronation) verstärkt und so die Schlägerbeschleunigung unterstützt. Durch die fast vollständige Streckung des Schlagarmes in diesem Teil der Schlagphase wird die Geschwindigkeit des Schlägers noch zusätzlich erhöht. Beim Rückhandschlag wird die Vorspannung genau umgekehrt durch ein starkes Nach-innen-Drehen des Unterarmes erreicht (Schlägerkopf fast waagrecht). Die horizontale Schlägerbewegung erfolgt dann durch eine starke Supination bei ebenfalls fast völliger Streckung des Armes.

Supination des Unterarmes zu Beginn der Hauptaktionsphase beim Vorhandschlag

Pronation des Unterarms im Ausschwung beim Vorhandschlag

Pronation des Unterarms zu Beginn der Hauptaktionsphase beim Rückhandschlag

Supination des Unterarms im Ausschwung beim Rückhandschlag

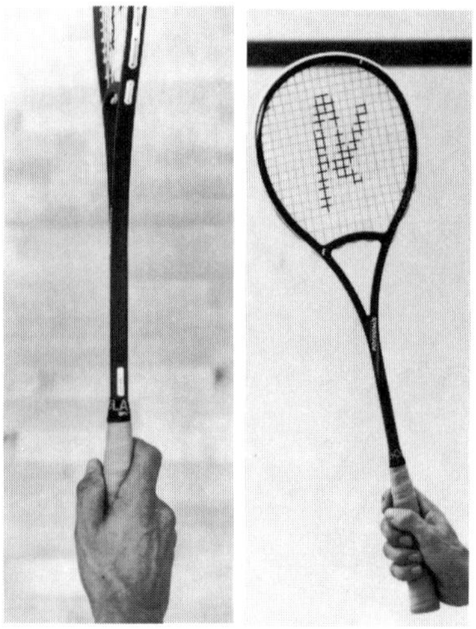

»V«- oder »Shake-Hands«-Griff

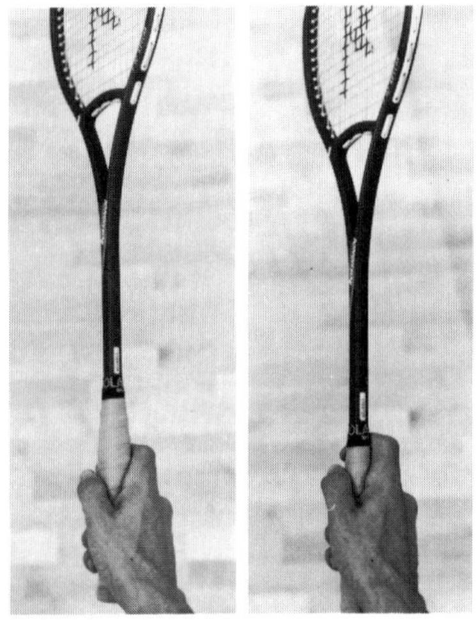

Lange und kurze Griffhaltung

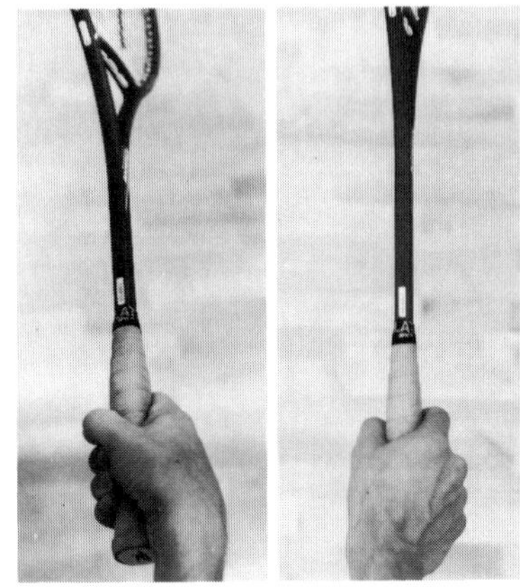

Häufig auftretende Fehlerbilder »Bratpfannengriff« (links) und »Hammergriff« (rechts)

Griffhaltung

Das hohe Spieltempo und der enge Raum lassen Griffwechsel beim Squash in vielen Situationen nicht zu. Deshalb werden alle Schläge auf der Vorhand- und Rückhandseite mit ein und demselben Griff ausgeführt. Der im Squash übliche Griff wird »Shake-Hands«-, »V«- oder auch »Continental«-Griff genannt. Dieser Griff eignet sich für Anfänger und Fortgeschrittene gleichermaßen. Die Griffhand umfaßt den Schlägergriff so, daß die Spitze des V zwischen Daumen und Zeigefinger an der Innenseite des mit dem Kopf senkrecht zum Boden stehenden Schlägers anliegt. Der Zeigefinger ist leicht von den anderen Fingern abgespreizt und liegt vor dem Daumen oder auf gleicher Höhe mit diesem. Zu einer korrekten Schlägerhaltung gehört ferner, daß das Handgelenk zum Handrücken und zum Daumen hin angewinkelt ist und während des ganzen Schlages so bleibt. Die Auffassung, Squash werde aus dem Handgelenk heraus gespielt, ist für den Bereich der Grundschläge nicht zutreffend. Erst auf hohem Spielniveau kann es zu einem aktiven Einsatz des Handgelenkes kommen, vor allem bei Schlägen mit verkürzter Ausholbewegung (sog. Peitscheneffekt), oder um den Spielpartner zu täuschen. Durch den V-Griff und die korrekte Stellung des Handgelenks ist der Schlägerkopf im Treffpunkt sowohl auf der Vorhand- wie auch auf der Rückhandseite jeweils leicht geöffnet.

Häufig ist zu beobachten, daß Spieler den Schläger sehr weit vorne am Griff anfassen. Dadurch verliert der Schläger an Kopflastigkeit (Gewicht auf der Seite des Schlägerkopfes). Die Spieler erreichen so eine höhere Beweglichkeit im Umgang mit dem Schläger, nehmen aber einen geringfügigeren Verlust an Schlaghärte in Kauf.

Individuelle Abweichungen und Besonderheiten

Seit einiger Zeit läßt sich bei zahlreichen Spitzenspielern beobachten, daß diese den Schläger noch sehr viel offener fassen, als dies beim V-Griff der Fall ist. Dies hat auf der Vorhandseite einen extremen Unterschnitt zur Folge, dadurch einen verlängerten Flugweg des Balles. Auf der Rückhandseite wird der Ball zentraler getroffen (gerader Schlägerkopf), das Risiko, Fehler zu machen, verringert sich und der »Druck« kann erhöht werden. Die Gefahr bei dieser Griffhaltung ist vor allem, daß ein nicht ganz exaktes Treffen des Balles mit der Mitte des Schlägerkopfes auf der Vorhandseite starke Abweichungen vom gewünschten Ballflugverhalten mit sich bringt. Deshalb ist dieser Griff nur sehr geübten Spielern zu empfehlen.

Häufig auftretende Fehlerbilder

Viele Spieler, vor allem im Anfängerbereich benutzen einen sogenannten »Hammergriff«, d. h., sie halten den Schläger wie einen Hammer. Dieser Griff schränkt die Beweglichkeit der Schlaghand stark ein, erfordert einen hohen Kraftaufwand und verhindert eine wirklich schwungvolle Schlagbewegung; er ist deshalb als falsch anzusehen. Ebenso falsch ist es, den Schläger mit dem sogenannten »Bratpfannengriff« zu halten. Neben einer ebenfalls stark eingeschränkten Beweglichkeit, die dieser Griff mit sich bringt, ist vor allem ein exaktes Treffen des Balles im gewünschten Treffpunkt nicht möglich, da der Schlägerkopf zu diesem Zeitpunkt fast geschlossen (Vorhand) bzw. annähernd waagrecht geöffnet (Rückhand) ist.

Grundlagen der Taktik

Erfolgreich Wettkampf-Squash spielen heißt, die eigenen taktischen Absichten zu verwirklichen. Die unterschiedlichen Handlungsmöglichkeiten im Spiel, die durch Spielidee und Spielregeln bestimmt sind, werden durch taktisches Handeln verwirklicht. Charakteristisch für Sportspiele – und damit auch für das Squash-Spiel – ist die Ausführung von taktischen Absichten aufgrund vorangegangener Entscheidungsprozesse. Aus diesem Grund spricht man in Sportspielen von Entscheidungshandlungen.
Diese haben nach Hagedorn (1985a) untenstehende Merkmale.
Die einzelnen Spielhandlungen sind ihrerseits in übergreifenden Handlungsplänen zusammengefaßt. Handlungspläne steuern und regulieren den in der jeweiligen Spielsituation richtigen und sinnvollen Einsatz von Kondition, Technik und Taktik.
Am Beispiel eines Ballwechsels aus einem Squash-Spiel soll gezeigt werden, wie die oben genannten Entscheidungsprozesse ablaufen.
Wenn ein Spieler den gegnerischen Schlag erwartet, muß er zunächst eine möglichst günstige Position auf dem Court einnehmen. In der Regel ist das die T-Position, von der aus die Räume, in die der Gegenspieler schlagen kann, am besten abzudecken sind. Das Einnehmen der Erwartungshaltung im oder in der Nähe des T ist davon abhängig, ob alle theoretisch möglichen Schlagvarianten des Gegners zu berücksichtigen oder nur einige wenige Schläge wahrscheinlich sind. Bei dieser Entscheidung ist zu berücksichtigen, wie früh der Gegenspieler den Ball erreichen kann und wie seine Schlagvorbereitung einzuschätzen ist. Gelegentlich ist die Vorbereitung sogar nur auf einen ganz bestimmten Schlag des Gegners ausgerichtet; nämlich dann, wenn im Ansatz zu erkennen ist, welchen Schlag er zu spielen beabsichtigt. Im Wettkampf macht ein Spieler seine Entscheidungen vom Spielverlauf abhängig, d. h. von den vorangegangenen und den zu erwartenden Aktionen des Gegners. Da jeder Spieler ganz individuelle technische und taktische Merkmale hat, müssen diese rechtzeitig erkannt werden. Übertragen auf die generellen Aspekte des Entscheidungshandelns muß ein Spieler wahrnehmen, wie der Gegenspieler den Ball schlägt und aufgrund seiner Spielerfahrung die Spielhandlung des Gegners antizipieren. Wenn ein Spieler den Ball genau beobachtet, startet er spätestens zu dem Zeitpunkt, wenn der Ball vom Gegenspieler getroffen wird, und beginnt frühzeitig mit der eigenen Schlagvorbereitung. Damit schafft er für sich günstige Voraussetzungen, er leitet vielfältige eigene Aktionsmöglichkeiten ein. Ein Spieler kann unterschiedliche Entscheidungen treffen in Abhängigkeit von der eigenen und gegnerischen Position im Court.
Bevor er seine Entscheidung trifft und den entsprechenden Schlag ausführt, sollten folgende Grundsätze beachtet werden:

Merkmale von individuellen Entscheidungshandlungen

1. Situation wahrnehmen	(Perzipieren)
2. Situation vorwegnehmen	(Antizipieren)
3. Situation schaffen	(Initiieren)
4. Handlungsmöglichkeiten vergleichen	(Alternieren)
5. Entscheidungen treffen	(Prognostizieren)
6. Entscheidungen vollziehen	(Realisieren)
7. Handlungsergebnisse prüfen	(Kontrollieren)
8. Handlungspläne verändern	(Revidieren)

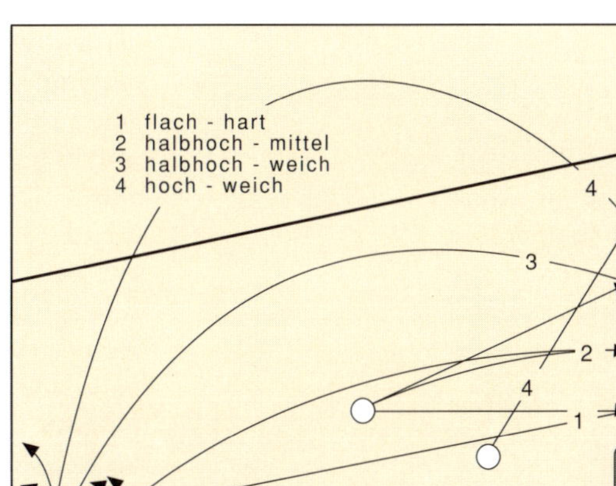

Verschiedene Möglichkeiten, einen Ball mit guter Länge zu schlagen, in Abhängigkeit von Schlaghärte und Treffpunkt an der Frontwand

Grundlagen

1. Den Ball mit guter Länge schlagen, da im Squash ab einer bestimmten Leistungsstufe überwiegend im hinteren Bereich des Courts gespielt wird.
2. Den Ball mit guter Breite schlagen, so daß der Ball am Ende der dritten Flugphase im Idealfall ins Nick (die Kante zwischen Wand und Boden) fällt. Auf jeden Fall soll der Ball zu dem Zeitpunkt, in dem der Gegner ihn erreichen kann, dicht an der Wand sein.
In Ausnahmefällen kann der Ball durch die Mitte des Courts und damit durch die Reichweite des Gegners gespielt werden. Diese Variante wird vor allem bei Aufschlägen angewendet, oder wenn der Gegner nicht schlagbereit ist. Innerhalb eines Ballwechsels sollte diese Variante jedoch nur sehr gezielt eingesetzt werden, da Behinderungen entstehen können, nach denen es zu Punkt- oder Letsituationen kommen kann.

Ball, der in den Rücken des Gegners gespielt wird

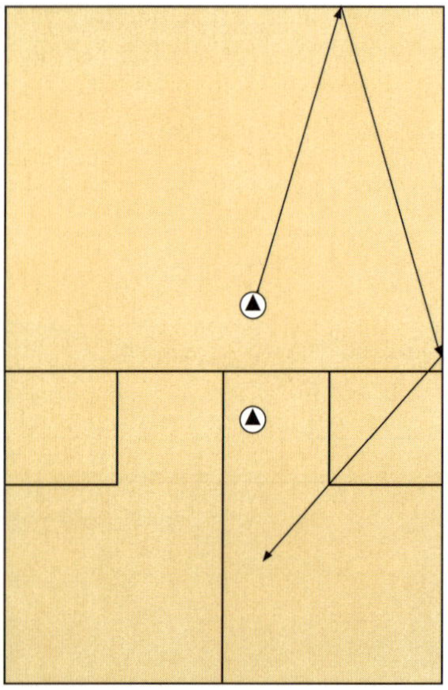

Der Ball kann darüber hinaus auch in die Mitte des hinteren Courtbereichs geschlagen werden, wenn zuvor die Reichweite des Gegners umspielt wurde, und der Ball im Rücken des Gegners landet.
Nach der Ausführung des Schlags wird ein Spieler prüfen, ob er seine taktische Absicht verwirklicht hat. Er kontrolliert den erzielten Effekt und ändert ggf. seine Handlungspläne, wenn er feststellt, daß sein Ziel nicht im gewünschten Maß realisiert wurde. Diese Entscheidungen können sich auf die veränderte Ausführung einzelner Schläge, auf die Verwendung von Schlagvarianten aber auch auf die gesamte Wettkampftaktik beziehen.
Es liegt nahe, nun darauf hinzuweisen, daß die beschriebenen Entscheidungsprozesse zwischen zwei Schlägen bei einem Spieler nicht bewußt ablaufen können, ohne daß er teilweise oder vollkommen handlungsunfähig wäre. Dem kann entgegengehalten werden, daß an dem dargestellten Beispiel lediglich die Vielzahl von Entscheidungsprozessen veranschaulicht werden sollte, die real ablaufen und bewußtseinsfähig sein könnten. In der Spielpraxis werden diese Entscheidungen aufgrund von Spielerfahrung und Automatisation verkürzt und größtenteils unterhalb der Bewußtseinsschwelle ablaufen. D. h., daß ein Spieler mit Wettkampferfahrung über die taktische Verwendung von Schlägen nicht mehr nachdenken muß, sondern erlernte und antrainierte Entscheidungsprozesse abruft, mit denen er die Spielsituation taktisch zu seinen Gunsten beeinflußt. Aber – und darauf wird hier nachdrücklich hingewiesen – bevor ein Spieler Entscheidungsprozesse automatisieren kann, muß er das spielspezifische Entscheidungshandeln lernen und trainieren. Dieser Bereich wird allerdings (im allgemeinen) im Squash-Training noch zuwenig berücksichtigt, weil das Wissen über taktisches Handeln entweder noch zu gering und nicht systematisiert ist, oder die Bedeutung von Taktiktraining unterschätzt wird. Aus diesen Gründen werden im Kapitel »Merkmale des Wettkampfspiels« ausführlicher die taktischen Grundlagen des Squash-Spiels ausgeführt und Möglichkeiten des Taktiktrainings vorgestellt. Denn »Situatives Handeln erfordert vom Spieler Eigenständigkeit. ... Taktiktraining muß zum Impuls für eigenverantwortliches Handeln werden.« (WESTPHAL/GASSE/RICHTERING, S. 69). Dieser Aussage ist im Squash besondere Bedeutung zuzumessen, da die Spieler im Court völlig auf sich allein gestellt »ihre« Taktik finden, beibehalten, gegebenenfalls verändern und erfolgreich durchsetzen müssen.

UMBRO
UMBRO

Schlagtechniken

Einführung

Im zweiten Abschnitt dieses Buches werden die Grundtechniken des Squash-Spiels beschrieben, erklärt und in Bildreihen und Einzelbildern dargestellt. Hierbei taucht das Problem auf, daß es ja die eine richtige Technik nicht gibt, sondern daß vielmehr immer die individuellen Voraussetzungen des einzelnen Spielers berücksichtigt werden müssen.
Die hier dargestellte Demonstrationstechnik kann aber insofern als »idealtypisch« bezeichnet werden, als sie zum einen natürlich frei von Fehlern (d. h. frei von Bewegungselementen, die der optimalen Verwirklichung, der taktischen Absicht entgegenstehen) ist, darüber hinaus aber einen Bewegungsablauf anbietet, der die geforderten Kriterien jeder einzelnen Phase des Schlags in allen Einzelheiten anschaulich macht.
Im begleitenden Text wird folgendermaßen vorgegangen: Ausgehend von der bereits erörterten Technik-Taktik-Koppelung wird zunächst die Frage nach den Positionen im Court gestellt, auf denen diese Technik verwendet wird. Daran schließt sich die Frage nach der Absicht an (vergleiche S. 11), die mit der jeweiligen Schlagtechnik – in Abhängigkeit von der Spielsituation – verwirklicht werden soll.
Im weiteren Verlauf wird der Schlagablauf in seinen einzelnen Phasen erklärt. Dabei werden, nach einem Teil mit allgemeinen Hinweisen, die wichtigsten Elemente der Hauptaktion, also von Schlagphase und Treffpunkt beschrieben, daran anschließend die der Schlagvorbereitung und abschließend die des Ausschwunges. Es wird also gefragt, was der Spieler tun muß, um seine taktische Absicht zu verwirklichen.
In einem dritten Abschnitt werden häufiger auftretende »individuelle Abweichungen von der Demonstrationstechnik auf hohem Spielniveau« meist von internationalen Wettkampfspielern vorgestellt.
Abgeschlossen wird jede Schlagtechnik mit der Darstellung einiger typischer Hauptfehler, deren Ursachen und Folgeerscheinungen. Sowohl bei den »Individuellen Abweichungen« als auch bei den »Hauptfehlern« ist die Reihenfolge, in der die einzelnen Phasen der Bewegungsabläufe besprochen werden, deswegen verändert (die Vorbereitungsphase rückt an den Anfang), da für das Erkennen der Unterschiede zur Demonstrationstechnik die Beobachtung im Vordergrund steht und jede Beobachtung einer Schlagbewegung nur in der Reihenfolge Schlagvorbereitung – Schlagen / Treffen – Ausschwingen erfolgen kann.
Anschließend an die Grundlagentechniken werden in einigen Fällen »Schlagvarianten« beschrieben, also Schlagtechniken, denen zwar der gleiche Schlagtyp zugrunde liegt, die sich aber in Einzelheiten z. T. deutlich unterscheiden. Diese Varianten erfordern ein insgesamt hohes Spielniveau, auf dem die individuellen Ausprägungen der Technik schon weit fortgeschritten sind. Die Erklärung erfolgt in Anlehnung an die Grundschläge mit Hinweisen auf die Abweichungen von diesen in den wichtigsten Phasen der Bewegung.

Grundschlag

Vorhand- und Rückhandgrundschläge sind die am meisten verwendeten Schläge im Squash. Sie werden aus allen Positionen im Court entweder als Longline, d. h. parallel zur Seitenwand, oder als Crosscourt, d. h. über die Mitte der Frontwand, in das gegenüberliegende hintere Feldviertel gespielt.
Ziel eines Longline ist dabei so gut wie immer, d. h. unabhängig von der speziellen taktischen Absicht, den Ball möglichst nahe der Seitenwand zu halten. Crosscourt-Bälle sollten sich kurz vor dem zweiten Aufspringen (in der dritten Flugphase) nahe der gegenüberliegenden Seitenwand befinden. Bei beiden Grundschlägen wird gleichermaßen eine »gute Länge« (vergleiche S. 25) angestrebt.

Flugbahn des Balles bei Longline und Crosscourt

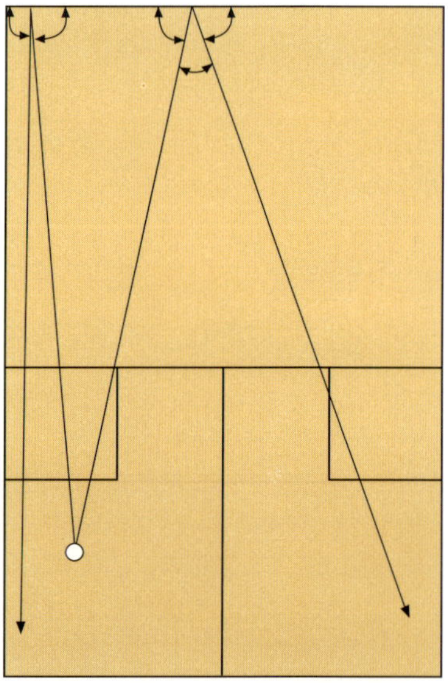

Longline-Grundschlag

Positionen im Court, an denen diese Technik angewendet wird

○ Longline-Grundschläge werden aus allen Positionen im Court mit Ausnahme der Bereiche in den hinteren Ecken mit annähernd gleicher Technik gespielt.

Taktische Absichten, die mit dem Longline-Grundschlag verwirklicht werden sollen.

○ In einer Angriffssituation wird der Longline-Grundschlag meist lang und hart gespielt, um damit
- unmittelbar einen Punkt zu erzielen,
- einen ungenauen Schlag des Spielpartners zu erzwingen, auf den der eigene gewinnbringende Schlag erfolgen kann.

○ In einer offenen Spielsituation wird der Longline-Grundschlag am häufigsten überhaupt angewendet. Die Bälle werden mit sehr guter Länge, möglichst minimalem Abstand zur Seitenwand und ständigem Wechsel der Schlaghärte gespielt, um damit
- den Spielpartner aus der T-Position zu bringen,
- dem Spielpartner keinen Angriffschlag zu ermöglichen,
- den Spielpartner zu einem ungenauen Schlag zu verleiten, um daraufhin den eigenen Angriff vorbereiten zu können,
- sich selbst die T-Position zu sichern,
- selbst das Spieltempo bestimmen zu können.

○ In einer Abwehrsituation (Defensivsituation) wird der Longline-Grundschlag meist höher an die Frontwand und mit geringerer Härte gespielt, um damit
- Zeit zu gewinnen,
- den Angriffsdruck des Spielpartners zu mindern,
- die T-Position vor dem nächsten Schlag des Spielpartners wieder zu erreichen,
- dem Spielpartner keinen unmittelbar gewinnbringenden Schlag zu ermöglichen.

Danny Lee (England) in einer tiefen Schlagstellung unmittelbar nach dem Spiel des Balles

Obere Bildreihe: Vorhand-Grundschlag aus dem vorderen Courtbereich
Untere Bildreihe: Vorhand-Grundschlag aus dem hinteren Courtbereich

Schlagvorbereitung (1–4): Körperdrehung und Lauf in Richtung der Schlagposition einleiten, gleichzeitig den Schläger zum Umkehrpunkt zurückführen.

Schlagen und Treffen (5–8): Schläger absinken lassen und zum Treffpunkt hin beschleunigen, gleichzeitig Gewicht auf den vorderen Fuß verla-

1 2 3 4 5

1 2 3 4 5

Vorhand-Longline

Was der Spieler tun muß, um seine taktischen Absichten zu verwirklichen

Wichtig beim Schlagen

○ Zu Beginn der Schlagphase wird der Schläger nach hinten-unten geführt, und durch ein starkes Nach-außen-Drehen des Unterarmes »überholt« der Ellbogen die Hand.
○ Der Schlägerkopf steht fast waagrecht.
○ Gleichzeitig wird durch das Aufsetzen des ballnahen Fußes die Schlagstellung erreicht, Hüft- und Schulterachse sind jetzt nahezu parallel zur Seitenwand.
○ Die freie Hand wird vom Körper abgespreizt, um ein stabiles Gleichgewicht zu erreichen.
○ Durch ein starkes Nach-innen-Drehen des Unterarmes bei gleichzeitiger Armstreckung wird der Schläger zum Treffpunkt hin beschleunigt.
○ Durch die Gewichtsverlagerung auf den vorderen Fuß und eine leichte Drehung des Oberkörpers in Schlagrichtung wird der Schwung des Schlages unterstützt.
○ Durch das Beugen der Beine wird die Höhe des Treffpunktes bestimmt.

gern. Treffpunkt auf Höhe des vorderen Fußes, die Schulterachse zeigt in Schlagrichtung.

Ausschwingen (9–10): Schwung in Schlagrichtung fortsetzen, Arm dabei anwinkeln, in die T-Position zurückbewegen.

6 7 8 9 10

6 7 8 9 10

Wichtig beim Treffen

Der Treffpunkt liegt in einem Bereich auf Höhe des vorderen Fußes (vergleiche S. 23).

○ Der Schlagarm wird im Treffpunkt nahe am Körper vorbeigeführt und fast völlig gestreckt.

○ Das Handgelenk ist zum Daumen und Handrücken hin angewinkelt.

○ Der Schläger steht im Treffpunkt ungefähr parallel zum Boden und ist leicht geöffnet.

○ Das Gewicht ist auf den vorderen Fuß verlagert.

○ Die Schulterachse zeigt in Schlagrichtung.

Wichtig bei der Schlagvorbereitung

○ Mit dem ersten Schritt aus der Grundstellung wird die Rechtsdrehung des Körpers eingeleitet.

○ Durch die entsprechende Schrittkombination wird eine Position nahe der Schlagstellung erreicht.

○ Gleichzeitig wird der Schläger nach hinten oben geführt, die Schulter des Schlagarmes wird dabei so weit zurückgenommen, daß eine leichte Vorspannung im Oberkörper entsteht.

○ Das Handgelenk ist bereits zum Daumen und Handrücken hin angewinkelt und fixiert.

Wichtig beim Ausschwingen

○ Die Schwungbewegung wird in Schlagrichtung fortgesetzt.

○ Im letzten Teil des Ausschwungs wird der Arm wieder angewinkelt und der Schläger in die Erwartungshaltung zurückgeführt.

○ Unmittelbar nach dem Treffen beginnt die Gewichtsverlagerung auf den hinteren Fuß;

○ gleichzeitig wird der Körper wieder aufgerichtet.

○ Die Rückbewegung wird bis zur T-Position fortgesetzt.

Schlagtechniken

Individuelle Abweichungen auf hohem Spielniveau

Bei der Schlagvorbereitung

○ Einige Spieler verzichten in manchen Fällen (Zeitdruck) auf eine vollständige Ausholbewegung. Dies hat einen Verlust an Schlaghärte zur Folge, der von Top-Spielern aber durch ein sehr hohes Schnellkraftniveau im Unterarm und durch große Schlaggenauigkeit ausgeglichen werden kann.
○ Manche Spieler wählen eine mehr frontale Stellung, um den Ball mit dem Körper abzudecken und dem Spielpartner damit die Antizipation (vergleiche S. 93) zu erschweren. Auch hier wird der Beschleunigungsweg geringer, was eine verminderte Schlaghärte zur Folge hat.
○ Einige Spieler lassen während der ganzen Schlagvorbereitung des Handgelenk locker und setzen es während des Schlages aktiv ein. Dadurch kann zwar eine hohe Ballbeschleunigung erreicht werden (sog. Peitscheneffekt), die Treffgenauigkeit wird aber durch die zusätzlichen Abweichungsmöglichkeiten des Schlägers deutlich erschwert.

Beim Schlagen und Treffen

○ Beim Schlagen von hohen und flachen Bällen können verschiedene Varianten beobachtet werden.
- Der Ball wird mit fast senkrechtem Schlägerkopf zentral getroffen. Dadurch wird der Ball sehr schnell, springt aber in der dritten Flugphase höher vom Boden ab.

Die verkürzte Ausholbewegung wird hier durch eine extreme Vorspannung im Unterarm ausgeglichen

Die frontale Stellung des Spielers erschwert dem Gegner die Sicht auf den Ball

- Der Ball wird mit stark offenem Schläger an einem möglichst hohen Treffpunkt geschlagen. Dabei wird der Schläger nicht ganz waagrecht sondern leicht von oben nach unten bewegt. Ein so gespielter Longline springt in der dritten Flugphase sehr flach vom Boden ab, so daß wenig Zeit zum Rückschlag bleibt.

○ Um das Spiel zu beschleunigen, wird der Ball möglichst früh gespielt. Die Bewegung des Spielers »in den Ball« ist dabei stark ausgeprägt.
○ Der Ball wird erst an einem Punkt knapp über dem Boden getroffen. Durch diese Schlagverzögerung soll dem Spielpartner die taktische Absicht möglichst lange verborgen bleiben oder eine für ihn ungünstige Stellung ausgenützt werden (der Spielpartner wird »eingesperrt«).
○ Beim Spielen von halbhohen oder hohen Longlines mit geringer Geschwindigkeit verzichten einige Spieler auf eine Schlagunterstützung durch eine Gewichtsverlagerung auf den vorderen Fuß oder auf eine aktive Drehung der Schulterachse.

Beim Ausschwingen

○ Beim Schlagen mit geringer Härte wird die Ausschwungbewegung verkürzt, um möglichst frühzeitig den nächsten Schlag vorbereiten zu können.

Schlagtechniken

Häufig auftretende Fehler

Bei der Schlagvorbereitung

○ Die Ausholbewegung wird zu spät begonnen. Dadurch wird der Ball zu spät getroffen, es gibt keinen Ruhepunkt des Schlägerkopfes (vergleiche S. 22).
○ Die seitliche Stellung wird nicht eingenommen. Dadurch kann der Schläger nicht weit genug hinter den Ball gebracht werden, die Schlagbewegung erfolgt nicht schwunghaft, sondern der Ball wird »geschoben« bzw. »gestoßen«.
○ Der Ball wird zu direkt angelaufen. Es bleibt kein Platz mehr, um das Körpergewicht während des Schlages zum Ball hin zu verlagern.

Beim Schlagen und Treffen

Der Schläger wird nicht im Bogen, sondern vom höchsten Punkt der Ausholbewegung direkt zum Treffpunkt geführt. Dadurch wird das schwunghafte Schlagen verhindert, der Schlag wird »geschoben«.
○ Die Schlagbewegung erfolgt zu eng am Körper, das Gewicht verlagert sich auf den hinteren Fuß, Rücklage im Treffpunkt. Dadurch wird der Schwung des Schlages unterbunden und die Gewichtsverlagerung verläuft entgegengesetzt zum Beschleunigungsweg des Schlägers (Abb. oben).
○ Der Spieler steht zu Beginn des Schlages zu eng an der Seitenwand. Dadurch wird der Schwung des Schlages verhindert, der Schlag muß in Rücklage erfolgen.

Schlagen in Rücklage

Fußstell. entgegen der Schlagrichtung

Schlagen mit hängendem Schläger

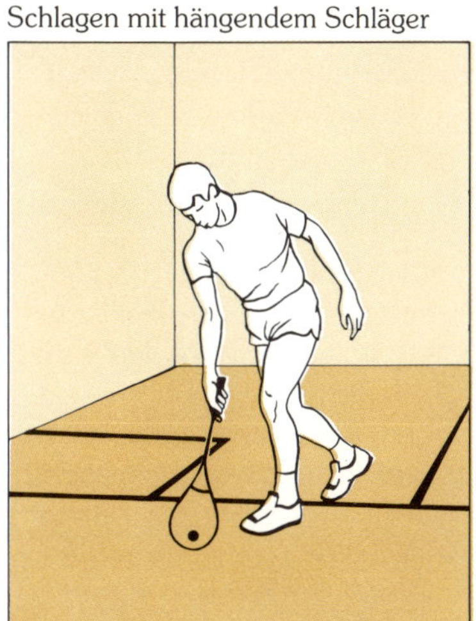

○ Der Spieler steht nicht weit genug hinter dem Ball und muß deshalb den letzten Schritt in die Schlagstellung gegen die Schlagrichtung machen. Dadurch wird die Schlaghärte erheblich vermindert (Abb. Mitte).
○ Die Beine werden nicht gebeugt, um einen tiefen Treffpunkt zu erreichen, sondern der Schlägerkopf wird durch Hängenlassen des Handgelenks abgesenkt. Dadurch wird die Schlaggenauigkeit erheblich beeinträchtigt (Abb. unten links).
○ Der Treffpunkt ist zu weit vom Körper entfernt, der Spieler »fällt« beim Schlag über das Standbein in den Schlag. Dadurch wird der Schwung beeinträchtigt, und der Rückweg nach Schlagende verzögert sich.
○ Der Ball wird hinter dem Körper getroffen. Zu diesem Zeitpunkt steht der Schlägerkopf noch nicht parallel zur Frontwand, der Ball kann nicht parallel zur Seitenwand gespielt werden.
○ Das Handgelenk ist während des Schlages nicht fixiert. Dadurch wird die Ballkontrolle erheblich verschlechtert.

Beim Ausschwingen

○ Der Ausschwung wird (scheinbar) unmittelbar nach dem Treffpunkt beendet. In Wirklichkeit wird die Schlagbewegung in diesem Fall schon vor dem Treffpunkt verlangsamt. Dadurch wird die Ballkontrolle verschlechtert und die Schlaghärte vermindert.
○ Zu weites rotierendes Ausschwingen. Darunter leidet die Balance, und der Spielpartner wird unter Umständen behindert oder gefährdet.

Obere Bildreihe: Rückhand-Grundschlag aus dem vorderen Courtbereich
Untere Bildreihe: Rückhand-Grundschlag aus dem hinteren Courtbereich

Schlagvorbereitung (1–4): Körperdrehung und Lauf in Richtung der Schlagposition einleiten, gleichzeitig den Schläger zum Umkehrpunkt zurückführen.

Schlagen und Treffen (5–8): Schläger absinken lassen und zum Treffpunkt hin beschleunigen, gleichzeitig Gewicht auf den vorderen Fuß verla-

10 9 8 7

1 2 3 4 5 6

Rückhand-Longline

Was der Spieler tun muß, um seine taktischen Absichten zu verwirklichen

Wichtig beim Schlagen

Zu Beginn der Schlagphase wird der Schläger nach hinten-unten geführt, und durch ein starkes Nach-innen-Drehen des Unterarmes wird der Schlägerkopf fast waagrecht gestellt.

○ Gleichzeitig wird durch das Aufsetzen des rechten Fußes die Schlagstellung erreicht, Hüft- und Schulterachse stehen jetzt ungefähr im 45 °-Winkel zur Seiten- und Rückwand. Durch ein starkes Nach-außen-Drehen des Unterarmes bei gleichzeitiger Armstrekkung wird der Schläger zum Treffpunkt hin beschleunigt.

○ Durch die Gewichtsverlagerung auf den rechten Fuß und eine Drehung des Oberkörpers in Schlagrichtung wird der Schwung des Schlages unterstützt.

○ Durch das Beugen der Beine wird die Höhe des Treffpunktes bestimmt.

○ Die linke Hand wird während des Schlages entgegen der Schlagrichtung geführt, um eine Ruhestellung der Schulterachse im Treffpunkt zu gewährleisten.

gern. Treffpunkt auf Höhe des vorderen Fußes, die Schulterachse zeigt in Schlagrichtung.

Ausschwingen (9–10): Schwung in Schlagrichtung fortsetzen, Arm dabei anwinkeln, in die T-Position zurückbewegen.

6 5 4 3 2 1

7 8 9 10

Wichtig beim Treffen

○ Der Treffpunkt liegt in einem Bereich auf Höhe des vorderen Fußes (vergleiche S. 23).
○ Der Schlagarm wird nahe am Körper vorbeigeführt und ist im Treffpunkt fast völlig gestreckt.
○ Das Handgelenk ist zum Daumen und Handrücken hin angewinkelt.
○ Der Schläger steht im Treffpunkt parallel zum Boden und ist leicht geöffnet.
○ Das Gewicht ist auf den vorderen Fuß verlagert.

Wichtig bei der Schlagvorbereitung

○ Mit dem ersten Schritt aus der Grundstellung wird die Linksdrehung des Körpers eingeleitet.
○ Durch eine entsprechende Schrittkombination wird eine Position nahe der Schlagstellung erreicht.
○ Der Schläger wird nach hinten-oben geführt, dabei verlagert sich das Gewicht auf das linke Bein.
○ Die Schlagschulter wird zurückgeführt, so daß eine leichte Vorspannung im Oberkörper entsteht.

Wichtig beim Ausschwingen

○ Die Schwungbewegung wird in Schlagrichtung fortgesetzt.
○ Im letzten Teil des Ausschwunges wird der Arm wieder angewinkelt und der Schläger in die Erwartungshaltung zurückgeführt.
○ Unmittelbar nach dem Treffen beginnt die Gewichtsverlagerung auf den linken Fuß, gleichzeitig wird der Oberkörper aufgerichtet.
○ Die Rückbewegung wird bis zur T-Position fortgesetzt.

Schlagtechniken

Individuelle Abweichungen auf hohem Spielniveau

Bei der Schlagvorbereitung

○ Einige Spieler führen den Ellbogen sehr weit am Körper vorbei und bringen dabei die Schlaghand wieder nach vorne. Dadurch erzeugen sie eine extreme Vorspannung (Abb. auf der nächsten Seite).

○ Manche Spieler verzichten bei mäßig harten Schlägen auf den hohen Ausgangspunkt. Sie »wikkeln« vielmehr den Schläger im Hüftbereich um den Körper (Abb. auf dieser Seite).

Beim Schlagen und Treffen

Spieler, die den Schläger sehr stark geöffnet (siehe »offene Griffhaltung«) halten, treffen den Ball zentral und fast ohne Unterschnitt.

Beim Ausschwingen

○ Beim Schlagen mit geringer Härte wird die Ausschwungbewegung verkürzt, um frühzeitig den nächsten Schlag vorbereiten zu können.

Häufig auftretende Fehler

Bei der Schlagvorbereitung

○ Die Ausholbewegung wird zu spät begonnen. Dadurch wird der Ball zu spät getroffen. Es gibt keinen Ruhepunkt des Schlägerkopfes (vergleiche S. 22).

○ Die seitliche Stellung wird nicht eingenommen. Dadurch kann der Schläger nicht weit genug hinter den Ball gebracht werden. Die Schlagbewegung erfolgt dann nicht schwunghaft, sondern der Ball wird »geschoben« bzw. »gestoßen«.

○ Der Ball wird zu direkt angelaufen. Es bleibt kein Platz mehr, um das Körpergewicht während des Schlages zum Ball hin zu verlagern.

Der Spieler (R. Martin) verzichtet hier auf eine Ausholbewegung in Überkopfhöhe, er »wickelt« den Schläger in Hüfthöhe um den Körper. Auch so gelangt der Schlägerkopf weit hinter den Ball, was einen langen Beschleunigungsweg gewährleistet

Schlagtechniken

Dean Williams bei einem Rückhandschlag mit extremer Vorspannung in Oberkörper und Schlagarm. Deutlich ist der weit am Oberkörper vorbeigeführte Ellbogen zu sehen

Ausholbewegung mit lockerem Handgelenk

Beim Schlagen und Treffen

○ Der Schläger wird nicht im Bogen, sondern vom höchsten Punkt direkt zum Treffpunkt geführt. Dadurch wird der Beschleunigungsweg verkürzt und das schwunghafte Schlagen beeinträchtigt.
○ Zur Kompensation der fehlenden Beschleunigungsenergie erfolgt eine starke Rotationsbewegung des ganzen Körpers. Dadurch wird die Schlaggenauigkeit stark beeinträchtigt.
○ Die Schlagbewegung erfolgt zu eng am Körper, das Gewicht verlagert sich auf den hinteren Fuß, Rücklage im Treffpunkt. Dadurch wird der Schwung des Schlages unterbunden, und die Beschleunigung des Schlägers verläuft entgegengesetzt zur Gewichtsverlagerung.
○ Der Spieler steht zu Beginn des Schlages zu eng an der Seitenwand. Es bleibt ihm kein Platz zum schwunghaften Ausführen des Schlages.
○ Der Schlag wird ohne große Ausholbewegung nur aus dem Handgelenk ausgeführt. Dies führt zu einem starken Verlust an Schlaggenauigkeit und Härte.

Beim Ausschwingen

○ Der Ausschwung wird (scheinbar) unmittelbar nach dem Treffpunkt beendet. In Wirklichkeit wird die Schlagbewegung in diesem Fall schon vor dem Treffpunkt verlangsamt. Dadurch wird die Ballkontrolle verschlechtert und die Schlaghärte vermindert.
○ Zu weites rotierendes Ausschwingen. Darunter leidet die Balance und der Spielpartner wird unter Umständen behindert.

Schlagtechniken

Vorhand und Rückhand Crosscourt

Positionen im Court, aus denen diese Technik angewendet wird

○ Crosscourt-Grundschläge werden aus allen Positionen im Court, mit Ausnahme der Bereiche in den hinteren Ecken, mit annähernd gleicher Technik gespielt.

Taktische Absichten, die mit dem Crosscourt-Grundschlag verwirklicht werden sollen

○ In einer Angriffssituation wird der Crosscourt meist hart und flach gespielt, um damit
- den Spielpartner zu passieren, und so unmittelbar einen Punkt zu erzielen,
- einen ungenauen Schlag des Spielpartners zu erzwingen, auf den der eigene gewinnbringende Schlag erfolgen kann,
- den Spielpartner »falsch« laufen zu lassen.

○ Auch in einer offenen Spielsituation wird der Crosscourt möglichst hart und flach gespielt, um damit
- den Spielpartner zum Laufen zu bringen,
- sich selbst den Weg zur T-Position freizumachen,
- den Spielpartner zu plötzlichen Richtungsänderungen zu zwingen,
- den Spielpartner von der T-Position fernzuhalten,
- sich selbst nicht vom Spielpartner nach diesem Folgeschlag einsperren lassen.

○ In einer Abwehrsituation wird der Crosscourt hoch und weich in die hintere Ecke gespielt, um damit
- den Angriffsdruck des Spielpartners zu mindern,
- sich selbst Zeit und Platz zu verschaffen, um in die T-Position zurückzugelangen,
- sich selbst nicht »einzusperren« (vor allem im hinteren Courtbereich),
- eine »Punkt«-Situation für den Spielpartner zu vermeiden (wenn man sich selbst im vorderen Courtbereich befindet).

Crosscourt-Grundschlag

Was der Spieler tun muß, um seine taktischen Absichten zu verwirklichen

Die technische Ausführung des Crosscourt-Grundschlages entspricht exakt der des Longline. Der einzige Unterschied besteht in der Stellung des Schlägerkopfes im Treffpunkt. Diese veränderte Schlägerstellung läßt sich auf zweierlei Art und Weise erreichen, nämlich dadurch, daß
○ der Treffpunkt deutlich vor den vorderen Fuß verlagert wird. Der Ball wird also früher getroffen als beim Longline bzw. später, wenn er von der Rückwand ins Feld zurückkommt.
Oder dadurch, daß
○ eine geringfügig frontalere Schlagstellung gewählt wird als beim Longline. In diesem Fall wird der gleiche Treffpunkt (bezogen auf den Körper) beibehalten wie beim Longline.

Individuelle Abweichungen auf hohem Spielniveau

○ Bei Crosscourt-Schlägen, vor allem aus dem hinteren Courtbereich, erreichen manche Spieler die gewollte Schlägerstellung durch eine bewußte Veränderung der Stellung des Handgelenkes (aktiver Handgelenkseinsatz). Dadurch können sowohl Körperstellung als auch Treffpunkt unverändert wie beim Longline bleiben. Der Spielpartner kann so den Schlag erst sehr spät erkennen.

Häufig auftretende Fehler

○ Häufigster Fehler beim Spielen von Crosscourt-Bällen ist ein zu später Treffpunkt. Der Winkel an der Frontwand wird dann zu spitz und der Ball erreicht die gegenüberliegende Seitenwand nicht. Ein so gespielter Crosscourt bringt den Spielpartner sofort in eine gute Angriffsposition.
○ Oftmals werden Crosscourtbälle auch in einem zu stumpfen Winkel an die Frontwand gespielt und erreichen noch vor der Halbfeldlinie die gegenüberliegende Seitenwand. Diese Bälle sind für einen im T postierten Spielpartner leicht zu erreichen und verschaffen ihm meistens eine gute Angriffschance.
○ Die »individuelle Besonderheit« des aktiven Handgelenkseinsatzes wird dann zum technischen Fehler, wenn das Handgelenk »schlenkert« und damit eine exakte Schlägerstellung im Treffpunkt nicht erreicht werden kann.

Die unterschiedlichen Treffpunkte bei Longline- und Crosscourtschlägen können auf verschiedene Art erreicht werden. Während auf den oberen Bildern die Schlagstellung des Spielers leicht unterschiedlich ist (das zweite Bild zeigt eine etwas frontalere Stellung), der Treffpunkt (auf den Spieler bezogen) aber gleich bleibt, behält der Spieler beim dritten und vierten Bild die gleiche Stellung bei, trifft den Ball unten rechts (Crosscourt) aber deutlich weiter vor seinem vorderen Bein

Schlagtechniken

Boast

Als Boast werden alle Schläge bezeichnet, die über eine Seiten- oder die Rückwand an die Frontwand gespielt werden.

Positionen im Court, aus denen diese Technik angewendet wird

Boasts werden mit wenigen Ausnahmen (vergleiche Trickleboast) aus dem mittleren bis hinteren Courtbereich gespielt.

Taktische Absichten, die mit dem Boast verwirklicht werden sollen

Boasts können in allen taktischen Situationen angewendet werden. Allerdings ändern sich bei verschiedenen taktischen Absichten die Flugbahnen und die technische Ausführung der Schläge.

○ In einer Angriffs- oder einer offenen Position werden Boasts meist hart und knapp über das Tin gespielt, um so
- einen direkten Punktgewinn zu erzielen,
- den Spielpartner aus der Feldmitte nach vorne zu treiben und so den gewinnbringenden eigenen Schlag vorzubereiten,
- den Spielpartner in der vorderen Courthälfte »zu bewegen« und so dessen Spielaufbau zu zerstören.

○ Um dem Spielpartner möglichst wenig Zeit für seine Spielhandlung zu lassen, sollte ein Boast

Verschiedene Flugwege des Boast-Grundschlages
1 = Zweiwandboast
2 = Nickboast
3/4 = Dreiwandboast mit unterschiedlicher Länge

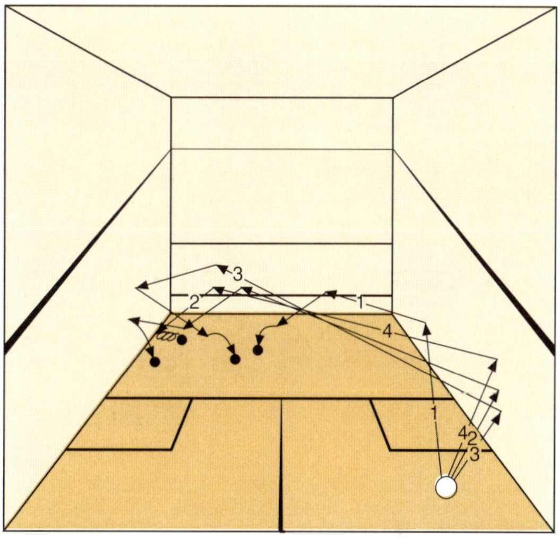

Unten: Flugweg eines Defensivboast

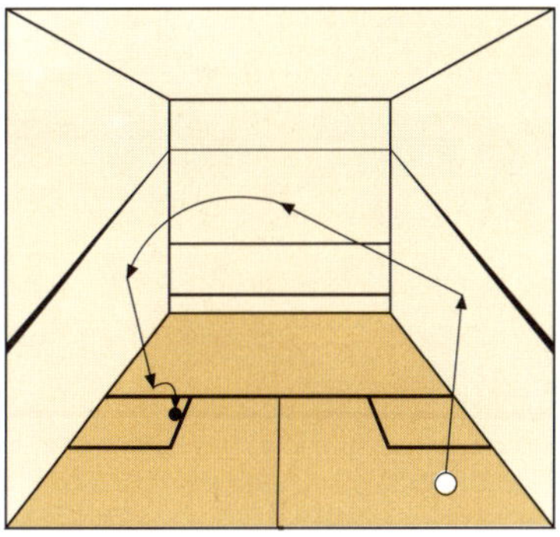

entweder
- die erste Bodenberührung kurz nach dem Auftreffen auf die gegenüberliegende Seitenwand haben, bzw. im Idealfall im Nick landen

oder
- erst kurz vor der zweiten Bodenberührung die gegenüberliegende Seitenwand erreichen (sog. normaler Boast, Boast-Grundschlag)

oder
- nur eine Seitenwand und die Frontwand berühren und dann kurz nacheinander zweimal auf dem Boden aufspringen (sog. Angriffsboast oder Zweiwandboast).

○ Boasts, die vor dem zweiten Aufspringen die gegenüberliegende Seitenwand berühren, haben einen längeren Flugweg, lassen also dem Spielpartner mehr Zeit und kommen zudem weiter in die Feldmitte zurück, wodurch sich der Laufweg des Spielpartners auch noch verkürzt.

○ In einer Verteidigungssituation sollte ein Boast möglichst hoch mit offenem Schläger an die Seitenwand gespielt werden, um so
- durch einen langen Flugweg des Balles Zeit zu gewinnen,
- dem Spielpartner den gewinnbringenden Schlag zu erschweren (wenn der Spielpartner erkennt, daß aus einer Defensivsituation nur noch ein Boast möglich ist, so wird er sich frühzeitig darauf einstellen und den Ball bereits »erwarten«). Ein hoch gespielter defensiver Boast fliegt in einem solchen Fall direkt auf ihn zu (und ist damit schwer anzunehmen) oder sogar an ihm vorbei,
- selbst wieder eine Position in T-Nähe zu erreichen.

Obere Bildreihe: Vorhand-Boast aus der rechten hinteren Ecke
Untere Bildreihe: Rückhand-Boast aus der linken hinteren Ecke

Schlagvorbereitung (1–3): Körpervorderseite zur hinteren Courtecke hin ausrichten, auf genügend Abstand zur Seitenwand achten.

10 9 8 7 6

1 2 3 4 5

Boast

Was der Spieler tun muß, um seine taktischen Absichten zu verwirklichen

Die technische Ausführung eines Boast-Grundschlages ist nahezu mit der eines Longline-Grundschlages identisch. Der einzige Unterschied besteht in der Stellung zum Ball zum Zeitpunkt des Schlagens, also in der Schlagstellung. Während der Spieler beim Longline-Grundschlag fast frontal zur Seitenwand steht, nimmt er beim Boast eine Schlagstellung ein, bei der die Füße ungefähr im 45 °-Winkel zur Seiten- und Rückwand stehen. Wird in dieser Position der Ball wieder in einem Bereich auf Höhe des vorderen Fußes gespielt, so trifft er zunächst auf die Seiten- und dann diagonal auf die Frontwand auf.

Wichtig beim Schlagen und Treffen

○ Alles, was auch bei den Longline-Grundschlägen wichtig ist.
○ Der Treffpunkt sollte unbedingt vor dem vorderen Fuß liegen, da sonst die Gefahr besteht, daß der Ball die Frontwand nicht erreicht.
○ Beim Angriffsboast wird der Ball noch weiter vor dem Körper getroffen, um einen möglichst spitzen Einfallswinkel an der Seitenwand zu erreichen.

Schlagen und Treffen (4–7):
Schwungvoll schlagen, mit leicht geöffneter Schlägerfläche. Einfallswinkel des Balles zur Seitenwand beachten.

Ausschwingen (8–10): Schlagbewegung betont in Schlagrichtung fortsetzen.

5 4 3 2 1

6 7 8 9 10

○ Beim defensiven Boast sollte der Schläger zum Treffpunkt hin eine leichte Aufwärtsbewegung machen und stark geöffnet sein.
○ Jeder Boast sollte möglichst mit vollem Schwung gespielt werden, da der Ball durch die mehrmalige Wandberührung viel von seiner Energie verliert und sonst u. U. die Frontwand nicht erreicht.

Wichtig bei der Schlagvorbereitung

○ Alles was auch bei den Longline-Grundschlägen wichtig ist (mit Ausnahme der Schlagstellung).
○ Während sich der Spieler zum Treffpunkt bewegt, ist seine Körpervorderseite bereits der hinteren Ecke zugewandt.
○ Beim letzten Schritt in die Schlagstellung muß unbedingt auf einen genügend großen Abstand zur Seitenwand geachtet werden.

Wichtig beim Ausschwingen

○ Alles, was bei den Longline-Grundschlägen wichtig ist.
○ Die Ausschwungbewegung sollte bewußt deutlich in Schlagrichtung fortgesetzt werden, um ein Spielen des Balles mit vollem Schwung zu gewährleisten.

Schlagtechniken

Individuelle Abweichungen auf hohem Spielniveau

○ Einige Spieler nehmen beim Angriffsboast die gleiche Schlagstellung ein wie beim Longline-Grundschlag. Dadurch wird der Schlag für den Spielpartner erst sehr spät erkennbar. Die richtige Stellung des Schlägers wird durch ein starkes nach hinten Klappen des Handgelenks unmittelbar vor dem Treffpunkt erreicht.
○ Manche Spieler wählen einen sehr tiefen Treffpunkt beim Boast-Grundschlag. Dadurch wird der Zeitpunkt ebenfalls verzögert, an dem der Spielpartner die Flugrichtung des Balles erkennen kann.
○ Einige Spieler wählen für einen offensiven Boast einen ähnlichen Treffpunkt, wie er sonst für einen defensiven Boast möglich ist (Bewegung von unten nach oben, offener Schläger). Sie verlangsamen ihren Schlag kurz vor dem Treffpunkt und »heben« den Ball hoch an die Seitenwand (sog. »Soft«- oder »Streichel«-Boast). Die Flugkurve eines so gespielten Boast ist bereits zur Frontwand hin stark abfallend, der Ball fällt sehr nahe der Frontwand zu Boden und springt nur noch wenig hoch. Dadurch wird der Spielpartner gezwungen
- den Ball von unten nach oben zu spielen, was wiederum einen eigenen Angriffsschlag ermöglicht,
- weit aus der Feldmitte nach vorne zu laufen, was ebenfalls die eigenen Angriffschancen erhöht.

Häufig auftretende Fehler

Bei der Schlagvorbereitung

○ Der Spieler läuft in eine Stellung zu nahe der Seitenwand. Dadurch ist kein ungehindertes schwunghaftes Schlagen des Balles mehr möglich, vielmehr muß der Spieler ausweichen und in Rücklage schlagen (Abb. rechts und Mitte).
○ Der Spieler läuft seit- oder rückwärts in die Schlagstellung. Dadurch erreicht er nicht die 45 °-Stellung, er trifft den Ball hinter dem Körper.

Beim Schlagen und Treffen

○ Der Treffpunkt liegt hinter dem vorderen Fuß. Dadurch wird der Einfallswinkel an der Seitenwand zu spitz und der Ball erreicht die Frontwand nicht mehr (Abb. unten).
○ Der Schlag wird zu früh, d. h. vor dem Treffpunkt abgebremst. Dadurch bekommt der Ball zu wenig Energie und erreicht ebenfalls nicht die Frontwand.
○ Der Schlägerkopf ist im Treffpunkt nicht geöffnet. Dadurch geht der Ball ins Tin.

Beim Ausschwingen

○ Der Ausschwung wird zu früh gebremst. Dadurch verliert der Ball zu viel Energie und gelangt nicht bis zur Frontwand.
○ Der Ausschwung wird zu heftig und weiträumig, meistens verbunden mit einer starken Rotationsbewegung ausgeführt. Dadurch verliert der Spieler sein stabiles Gleichgewicht und kann den Rückweg zur T-Position erst mit Zeitverzögerung beginnen.

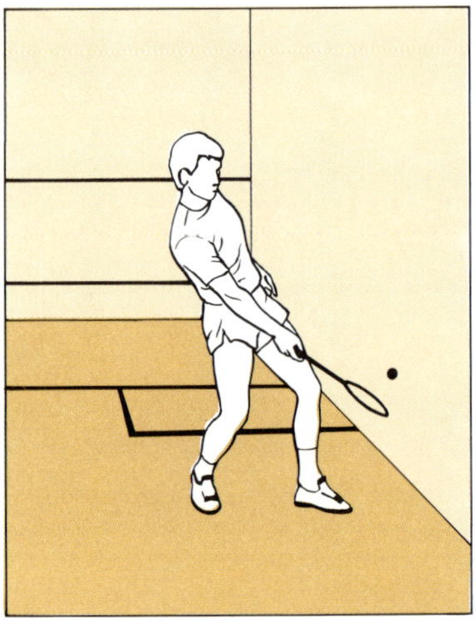

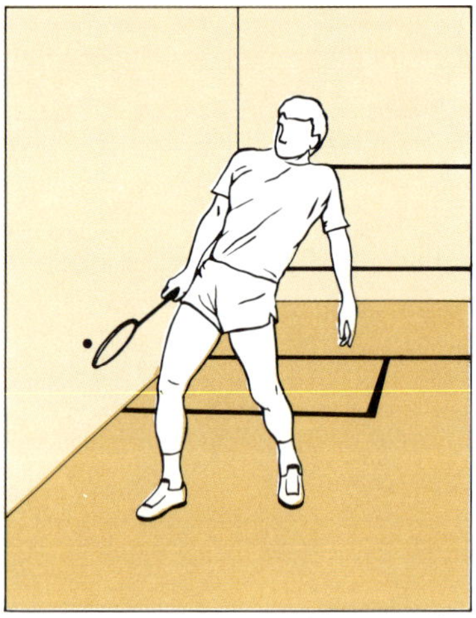

Position zu nahe an der Seitenwand

Der Treffpunkt liegt hinter dem vorderen Bein.

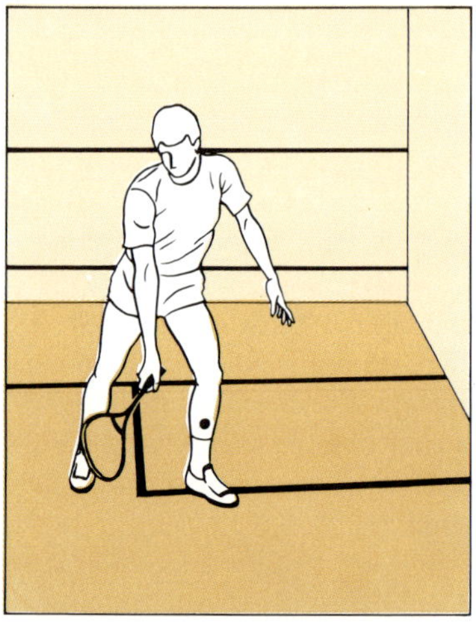

Boast-Varianten

Neben den Boast-Grundschlägen gibt es noch verschiedene andere Formen des Boasts. Alle diese Varianten erfordern ein fortgeschrittenes Spielniveau. Technisch richtig ausgeführt, stellen sie aber, vor allem durch den Überraschungseffekt, der sich mit ihnen erzielen läßt, wirksame Mittel zur Durchsetzung taktischer Absichten dar.

Trickle-Boast

Positionen im Court, aus denen diese Technik angewendet wird

○ Der Trickle-Boast oder »kurze Boast« wird aus dem vorderen Courtbereich gespielt.

Rechts: Typische taktische Situationen für einen Trickle-Boast

Flugbahn eines Trickle-Boast

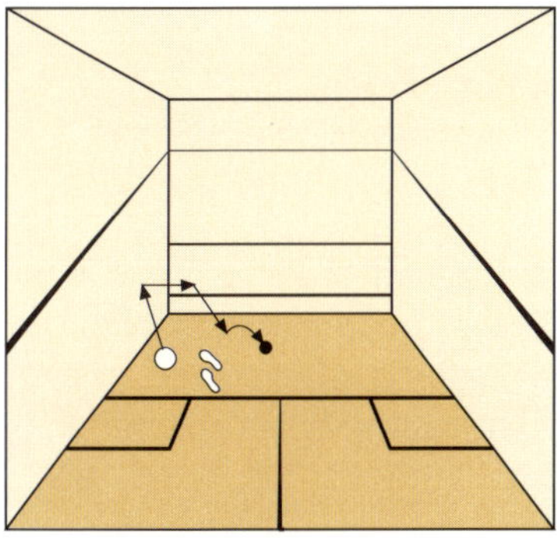

Taktische Absichten, die mit dem Trickle-Boast verwirklicht werden sollen

○ Der Trickle-Boast ist ein Angriffsschlag, dessen hauptsächliche Wirkung darin besteht, daß der Spielpartner bis unmittelbar vor dem Schlag einen Ball in das rückwärtige Courtviertel erwartet (Abb. unten links).

Was der Spieler tun muß, um seine taktischen Absichten zu verwirklichen

○ Während der gesamten Schlagvorbereitung bis kurz vor dem Treffpunkt ist der Bewegungsablauf des Trickle-Boast exakt der gleiche wie der eines hart geschlagenen flachen Longline-Grundschlages aus dem vorderen Courtbereich. Erst unmittelbar vor dem Treffpunkt wird durch ein starkes Vorbringen des Unterarmes und einen aktiven Einsatz des Handgelenks der Schläger in die für den weiteren Flugweg des Balles notwendige Position gebracht.

○ Nach dem Treffpunkt wird der Ausschwung in Richtung des »gedachten« Longline-Schlages weitergeführt, um die Täuschung des Spielpartners zu unterstützen.

Individuelle Abweichungen auf hohem Spielniveau

○ Einige Spieler spielen den Trickle-Boast mit verzögerter und verlangsamter Schlagbewegung als Alternative zu einem Stoppball.

Häufig auftretende Fehler

○ Der Schläger ist im Treffpunkt zu wenig geöffnet, der Ball geht ins Tin. Da der Ball sehr tief getroffen wird, muß der Schläger im Treffpunkt weit geöffnet sein.

Schlagtechniken

Skid-Boast

Positionen im Court, aus denen diese Technik angewendet wird

Skid-Boasts werden aus dem rückwärtigen Courtbereich gespielt.

Taktische Absichten, die mit dem Skid-Boast verwirklicht werden sollen

Der Skid-Boast ist ein Defensiv-Schlag, dem die gleiche taktische Idee zugrunde liegt wie dem defensiven Boast-Grundschlag. Durch die extrem lange und hohe Flugkurve des Skid-Boasts kann man sich aus einer Position im hinteren Courtbereich »befreien« und gleichzeitig den Spielpartner in die gegenüberliegende hintere Ecke zwingen (Abb. unten links).

○ Die Wirkung eines Skid-Boast ist der eines hohen Crosscourt-Schlages ähnlich, nur muß der Spieler, der die Technik ausführt, weniger weit hinter den Ball gelangen.

Flugbahn eines Skid-Boast in die gegenüberliegende Ecke

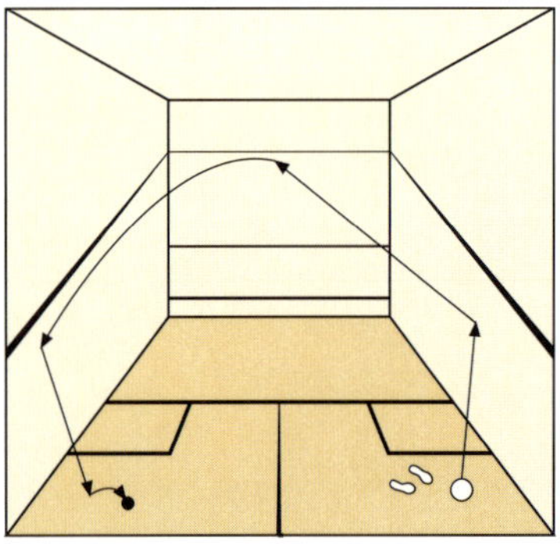

Was der Spieler tun muß, um seine taktischen Absichten zu verwirklichen

○ Die Schlagvorbereitung für den Skid-Boast ist die gleiche wie die für einen defensiven Boast-Grundschlag.

○ Zum Treffpunkt hin muß der Schläger stark nach vorwärts – aufwärts geführt werden, damit der Ball hoch an die Seitenwand und weiter aufwärts an die Frontwand gelangt.

○ Es ist notwendig, über eine ausgeprägte weiträumige Ausholbewegung den Ball mit Hilfe eines langen Beschleunigungsweges aus vollem Schwung zu schlagen, um die gewünschte Höhe zu erreichen.

Häufig auftretende Fehler

○ Häufig erhält der Ball im Treffpunkt zu wenig Aufwärtsbewegung. Er gelangt dann nicht in den hinteren Courtbereich, sondern ist bereits im Halbfeld wieder spielbar.

Flugbahnen eines Reverse-Boast aus verschiedenen Positionen im Court

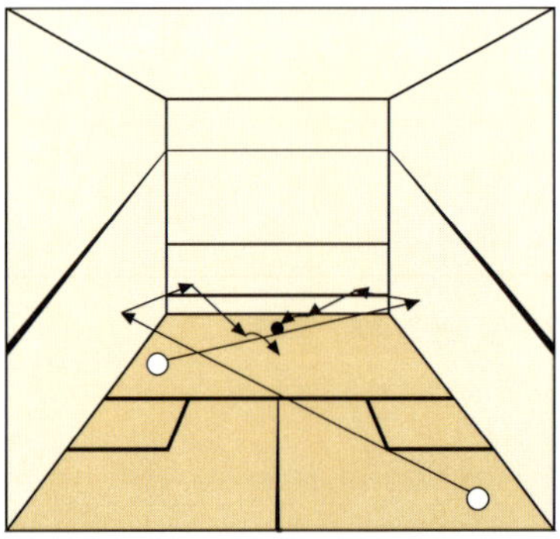

Reverse-Boast

Positionen im Court, aus denen diese Technik angewendet wird

○ Reverse-Boasts (»umgekehrte Boasts«, »Reverse-Angle«) werden aus allen Courtbereichen gespielt.

Taktische Absichten, die mit dem Reverse-Boast verwirklicht werden sollen

○ Die taktische Absicht des Reverse-Boast ist es, ähnlich wie beim Trickle-Boast, einen harten Schlag in den hinteren Courtbereich vorzutäuschen und im letzten Moment einen flachen, schwer erreichbaren Ball in den vorderen Courtbereich zu spielen.

Was der Spieler tun muß, um seine taktischen Absichten zu verwirklichen

○ Die Schlagvorbereitung ist identisch mit der der Grundschläge.

○ Kurz vor dem Treffpunkt wird der Schläger durch ein verstärktes Drehen des Unterarmes und den aktiven Einsatz des Handgelenks in die richtige Stellung zum Treffpunkt gebracht.

○ Der Schwung des Schlages wird dabei nicht unterbrochen, um den Spielpartner die Absicht nicht zu früh erkennen zu lassen.

○ Der Treffpunkt muß beim Reverse-Boast sehr weit vor dem Körper sein, da der Ball sonst die gegenüberliegende Seitenwand nicht vor der Frontwand erreicht.

Schlagtechniken

Stop

Positionen im Court, aus denen die Technik angewendet wird

○ Stops werden vorwiegend aus dem mittleren bis vorderen Courtbereich, gelegentlich auch aus Positionen weiter hinten im Court gespielt.

Taktische Absichten, die mit dem Stop verwirklicht werden sollen

○ In einer Angriffsituation (vor allem wenn sich der Gegner im hinteren Courtbereich befindet) kann mit einem Stop oft ein direkter Punktgewinn erzielt oder der Punkt unmittelbar vorbereitet werden.
○ In einer offenen Spielsituation soll der Gegner mit einem Stop aus der Feldmitte getrieben und zu einem Rückschlag gezwungen werden, auf den der eigene Angriff aufgebaut werden kann.
○ Auch in einer defensiven Spielsituation kann gelegentlich ein Stop als taktisches Mittel gewählt werden (z. B. Gegenstop). Dies ist aber mit einem verhältnismäßig hohem Risiko verbunden, da ein Spielpartner, der den Stop frühzeitig erkennt und erreicht, sich damit selbst eine gute Angriffsposition schafft.
○ Außerdem sollten Stops (parallel und diagonal) während der dritten Flugphase möglichst lange nahe der Seitenwand bleiben, um dem Spielpartner den Folgeschlag zu erschweren.

Chris Dittmar, australischer Weltklassespieler, bei einem perfekten Rückhandstoppball mit kurzem Ausschwung

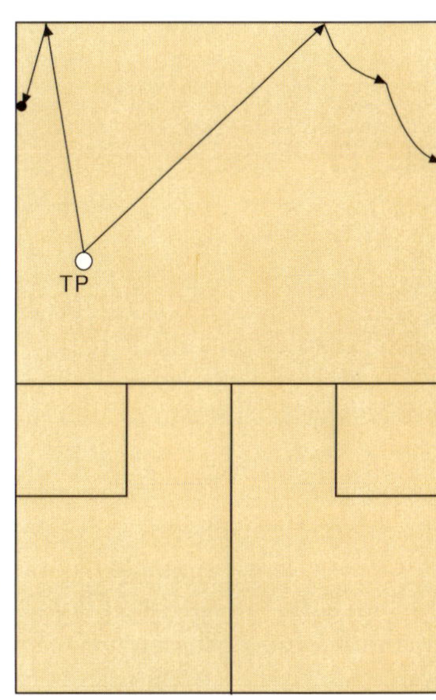

Rechts: Flugwege eines geraden und eines diagonalen Stops

Obere Bildreihe: Vorhand-Stop aus dem vorderen Courtbereich
Untere Bildreihe: Rückhand-Stop aus dem vorderen Courtbereich

Schlagvorbereitung (1–3): Deutliche Ausholbewegung, um die Schlagabsicht zu verbergen.

1 2 3 4 5

10 9 8 7

Stop

Was der Spieler tun muß, um seine taktischen Absichten zu verwirklichen

In den meisten Spielsituationen besteht die Wirkung eines Stops also gerade darin, daß der Gegner ihn erst sehr spät erkennt, d. h., er bis kurz vor dem Treffpunkt nicht absehen kann, ob ein Stop oder ein anderer Schlag in den rückwärtigen Courtbereich folgen wird.

Wichtig beim Schlagen

○ Der Beginn der Schlagbewegung ist völlig identisch mit dem der Grundschläge.
○ Zum Treffpunkt hin wird die Schlagbewegung verlangsamt und durch eine entsprechende Drehung des Unterarmes der Schlägerkopf weiter geöffnet.

Wichtig beim Treffen

○ Der Ball wird mit offenem Schläger und sehr wenig Geschwindigkeit knapp über das Tin gespielt.
○ Die Schlagstellung im Moment des Treffpunktes und der Treffpunkt selbst sind identisch mit denen der Grundschläge.
○ Der Treffpunkt sollte knapp über dem Boden liegen; dies macht ein starkes Beugen der Beine notwendig.

Schlagen und Treffen (4–7): Schlagbewegung zum Treffpunkt hin verlangsamen, Treffen mit geöffneter Schlägerfläche, starke Beugung der Beine bei niedrigem Treffpunkt.

Ausschwingen (8–10): Schlagbewegung in Schlagrichtung fortsetzen.

6 7 8 9 10

6 5 4 3 2 1

○ Beim Crosscourt-Stop wird die Richtungsänderung erst unmittelbar vor dem Schlag durch eine Verlagerung des Treffpunkts nach vorne (u. U. durch einen aktiven Einsatz des Handgelenks) erreicht.

Wichtig bei der Schlagvorbereitung

○ Die Ausholbewegung und die Beinarbeit entsprechen der der Grundschläge. Allerdings sollte gerade die Ausholbewegung sehr deutlich ausgeführt werden, um dem Gegner die Absicht des Stop-Spielens keinesfalls zu früh anzukündigen.

Wichtig beim Ausschwingen

○ Durch die geringe Geschwindigkeit, mit der ein Stop gespielt wird, ist die Bedeutung der Ausschwungbewegung weniger groß als bei den Grundschlägen. Sie sollte aber deutlich in die Schlagrichtung fortgesetzt werden.

Schlagtechniken

Individuelle Abweichungen auf hohem Spielniveau

Bei der Schlagvorbereitung

○ Einige Spieler holen gerade beim Stop sehr früh aus, um sich je nach Reaktion des Gegners, bis zum letzten Moment auch die Möglichkeit anderer Schläge als Alternative offenzulassen.

Beim Schlagen und Treffen

○ Einige Spieler geben dem Ball durch ein aktives Einwärts- bzw. Auswärtsdrehen des Handgelenks noch einen seitlichen Drall. Dadurch kann sich der Weg verlängern, auf dem der Ball in der dritten Flugphase nahe der Seitenwand bleibt und damit schwer zu spielen ist.
○ Einige Spieler öffnen den Schlägerkopf so weit, daß sie fast von ganz unten zum Treffpunkt kommen. Sie »heben« den Ball so an die Frontwand, daß seine Flugkurve schon vor der Wandberührung wieder abfallend ist. Dadurch bleibt der Ball in einem unmittelbar vor der Stirnwand gelegenen Bereich und springt nur noch geringfügig vom Boden ab (Abb. oben). Um einen solchen Ball zurückzuspielen, muß der Gegner sehr weit aus der Courtmitte heraus.
○ Manche Spieler wählen einen hohen Treffpunkt und spielen den Stop mit geradem oder nur ganz leicht geöffnetem Schlägerkopf und relativ hoher Geschwindigkeit. Diese Spieler versuchen, den Ball ins Nick zu schlagen. Gelingt dies nicht, so springt der Ball hoch vom Boden ab und ist verhältnismäßig leicht zu erreichen.

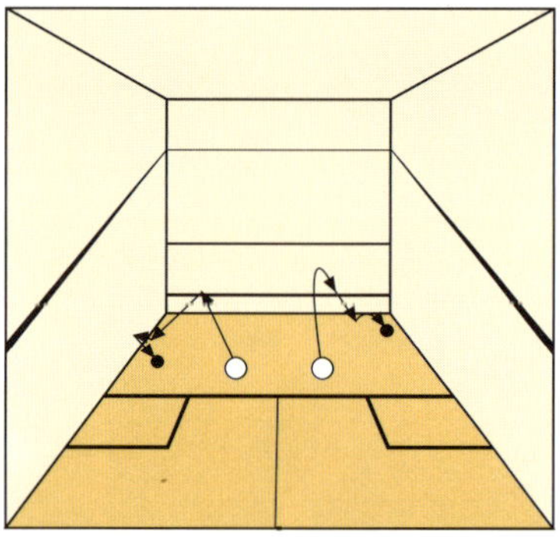

Unterschiedliche Flugkurven bei verschiedenen technischen Ausführungen eines Stops

○ Manche Spieler spielen Stops absichtlich aus einer frontalen Stellung zum Ball, um dem Gegner die Sicht möglichst lange zu verdekken.

Beim Ausschwingen

○ Manche Spieler führen die Ausschwungbewegung nach dem Schlag absichtlich in eine vom Ballflug abweichende Richtung fort, um den Gegner zu täuschen.

Spielen eines Stops mit tiefem Treffpunkt und fast gestreckten Beinen. Dies hat eine stark verminderte Ballkontrolle zur Folge

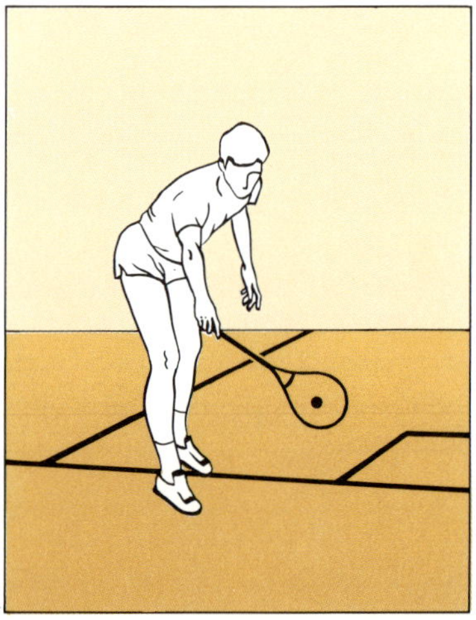

Häufig auftretende Fehler

Bei der Schlagvorbereitung

○ Der Schläger wird nicht genügend zurückgeführt und so die Ausholbewegung verkürzt. Dadurch kann der Gegner den Stop schon früh erkennen.
○ Der Schläger wird hängengelassen, und der Körper bleibt bei gestreckten Beinen fast aufgerichtet. Dadurch wird die Ballkontrolle stark vermindert.

Beim Schlagen und Treffen

○ Die Geschwindigkeit des Schlägers wird nicht genügend reduziert. Dadurch springt der Ball zu weit ins Feld zurück.
○ Der Ball wird mit geschlossenem Schläger gespielt. Er erreicht die Frontwand meist nicht mehr oberhalb der unteren Auslinie und geht ins Tin.
○ Der Ball wird nicht in Richtung Seitenwand gespielt, sondern gerade an die Frontwand und kommt wieder auf den Spieler zu. In diesem Fall entstehen oft Letsituationen oder Punktgelegenheit für den Gegner.
○ Der Schläger wird zum Treffpunkt nicht geführt sondern nur »hingehalten«. Dadurch verschlechtert sich die Ballkontrolle erheblich.

Beim Ausschwingen

○ Die Ausschwungbewegung ist sehr stark ausgeprägt. Dies läßt auf eine zu hohe Geschwindigkeit des Schlägers im Treffpunkt schließen.

Topspin-Stop (Stop-Variante)

Der Topspin-Stop ist einer der ganz wenigen Schläge im Squash überhaupt, der mit stark geschlossenem Schläger ausgeführt wird. Dadurch fällt der Ball von der Frontwand rasch zu Boden und springt nicht weit ins Feld zurück.

Positionen im Court, aus denen diese Technik angewendet wird

○ Topspin-Stops werden nur aus dem vorderen Courtbereich gespielt.

Taktische Absichten, die mit dem Topspin-Stop verwirklicht werden sollen

Mit dem Topspin-Stop soll der Gegner vor allem getäuscht werden. Während er mit einem langen Ball oder einem Boast rechnet, wird ein gerader oder diagonaler Stop gespielt.

Was der Spieler tun muß, um seine taktische Absichten zu verwirklichen

Wichtig beim Schlagen und Treffen

○ Der Spieler erreicht früh die Schlagstellung und beginnt die Schlagbewegung wie zu einem harten Longline-Grundschlag.
○ Zum Treffpunkt hin wird der Schlägerkopf geschlossen und von hinten-oben zum Ball geführt.
○ Im Treffpunkt »streift« der Schlägerkopf den Ball (d. h., er trifft exzentrisch, vergleiche S. 14) mit relativ hoher Geschwindigkeit, so daß dieser einen starken Vorwärtsdrall erhält.
○ Beim diagonalen (crosscourt) Topspin-Stop liegt der Treffpunkt deutlich vor dem ballnahen Fuß und die Schlägergeschwindigkeit ist möglichst hoch.
○ Beim geraden (longline) Topspin-Stop wird der Ball absichtlich sehr spät getroffen, so daß der Gegner einen kurzen Boast vermutet.

Wichtig bei der Schlagvorbereitung

○ Die Ausholbewegung ist ausgeprägt und beginnt sehr früh.
○ Der Laufweg in die Schlagstellung wird so gewählt, daß diese möglichst »idealtypisch« für einen Longline-Grundschlag eingenommen werden kann.

Wichtig beim Ausschwingen

○ Die Ausschwungbewegung sollte deutlich ausgeprägt sein, um dem Gegner den Stop nicht »anzusagen«.

Diagonal gespielter Topspin-Stop. Im Treffpunkt ist der Schläger geschlossen, der Ausschwung ist deutlich ausgeprägt

3 2 1

Lob

Positionen im Court, aus denen diese Technik angewendet wird

Lobs werden fast ausschließlich aus dem vorderen Courtbereich, in seltenen Fällen auch aus dem Halbfeld gespielt.

Taktische Absichten, die mit dem Lob verwirklicht werden sollen

○ Lobs werden vorwiegend in defensiven Spielsituationen, also unter Druck stehend angewendet, um

- das vom Gegner gewollte Spieltempo zu verlangsamen,
- dem Gegner keine Möglichkeit zum frühen Spielen des Balles zu geben,
- Zeit für die eigene Rückkehr zur T-Position zu gewinnen,
- den Gegner aus der T-Position in den hinteren Courtbereich zu zwingen.

○ In einigen Spielsituationen können Lobs darüber hinaus auch Angriffscharakter bekommen, wenn sie

- den Gegner zu einer späten, plötzlichen Richtungsänderung zwingen (z. B. nach einem vorgetäuschten Stop),
- sehr nahe der Rück- und Seitenwand zu Boden fallen
- und deshalb nur schwer zurückspielbar sind (Abb. unten).

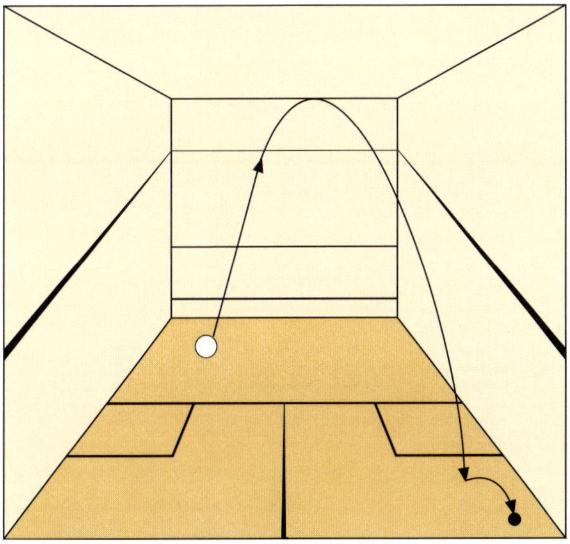

Flugweg eines Crosscourt-Lob

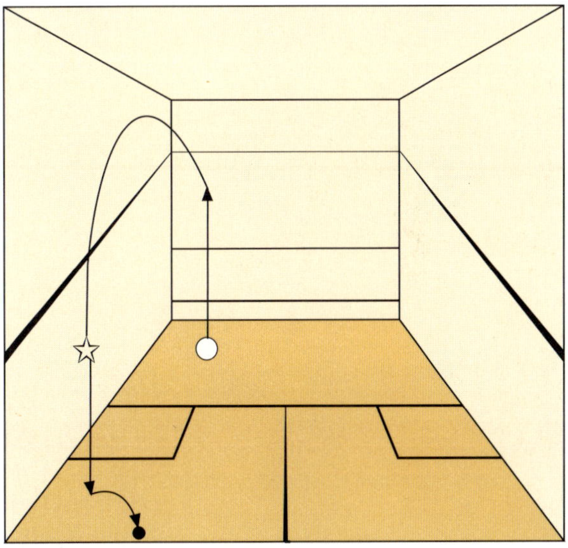

Flugweg eines Longline-Lob

◁ Jansher Khan mit einem extremen Ausfallschritt im Spiel gegen den deutschen Nationalspieler Michael Ehlers

Obere Bildreihe: Vorhand-Lob weit im vorderen Courtbereich geschlagen
Untere Bildreihe: Rückhand-Lob

Schlagvorbereitung (1–3): Verkürzte Ausholbewegung und weiter Ausfallschritt in die Schlagposition.

10 9 8 7

10 9 8

Lob

Was der Spieler tun muß, um seine taktischen Absichten zu verwirklichen

○ Die Flugkurve eines Lob muß so hoch sein, daß er auf keinen Fall schon im Halbfeld vom Gegner wieder erreicht werden kann.
○ Die große Flughöhe birgt aber die Gefahr in sich, daß der Ball ins seitliche Aus geht. Deshalb sollten Lobs in den meisten Fällen crosscourt gespielt werden. Die Strecke über dem Court, auf der sich der Ball nicht in der Nähe der Auslinie befindet, entspricht fast der ganzen Diagonalen des Courts. Dadurch verringert sich die Gefahr, den Ball über die seitlichen Begrenzungslinien zu spielen, erheblich.
○ Auch um bei einem nicht ausreichend hoch gespielten Lob eine Punktsituation für den Gegner zu vermeiden, sollten Crosscourt-Lobs solchen vorgezogen werden, die parallel zur Seitenwand gespielt werden (Longline-Lobs).

Wichtig beim Schlagen

○ In der Schlagstellung steht der Spieler fast frontal zur Stirnwand.
○ Zu Beginn der Schlagbewegung erfolgt ein ausgeprägtes Beugen der Beine, um vor dem Treffpunkt mit dem Schläger unter den Ball zu gelangen.
○ Die Schlagbewegung verläuft zu Beginn fast horizontal über dem Boden; im letzten Teil stark aufwärts.

Schlagen und Treffen (4–8): Anfangs horizontale, zum Treffpunkt hin stark aufwärts gerichteten Schlagbewegung, Treffen des Balles von unten nach oben, tiefe Körperposition.

Ausschwingen (9–10): Deutliche Ausschwungbewegung in Schlagrichtung, gleichzeitig Strecken der Beine und beginnen, zur T-Position, zurückzubewegen.

6 5 4 3 2 1

6 5 4 3 2 1

Wichtig beim Treffen

○ Im Treffpunkt ist die Schlagbewegung fast ausschließlich von unten nach oben gerichtet, so daß der Ball kurz unterhalb der oberen Auslinie an die Stirnwand gelangen kann.
○ Die Aufwärtsbewegung des Schlägers kann durch einen aktiven Einsatz des Handgelenks unterstützt werden.
○ Die Aufwärtsbewegung des Schlägers wird durch ein Strekken der Beine ebenfalls unterstützt.

Wichtig bei der Schlagvorbereitung

○ Schon während der Schlagvorbereitung wird die Schlagstellung erreicht.
○ Der letzte Schritt in die Schlagstellung ist groß und weit nach vorne orientiert.
○ Gegenüber den Grundschlägen ist die Ausholbewegung verkürzt.

Wichtig beim Ausschwingen

○ Die Ausschwungbewegung wird besonders deutlich und bis über Kopfhöhe fortgesetzt.
○ Gleichzeitig mit dem Ausschwung beginnt das Abdrücken vom vorderen Fuß, der Oberkörper wird aufgerichtet und der Rückweg in die T-Position begonnen.

Schlagtechniken

Individuelle Abweichungen auf hohem Spielniveau

Bei der Schlagvorbereitung

○ Einige Spieler lassen den Schläger bei der Schlagvorbereitung absichtlich »hängen«, um so einen Stop vorzutäuschen.

Beim Schlagen und Treffen

○ Einige Spieler spielen den Lob seitlich neben dem Körper und mit sehr starkem Handgelenkseinsatz; dadurch ist er meistens erst sehr spät zu erkennen.
○ Einige Spieler verzichten (vor allem unter Zeitdruck) fast völlig auf eine Schlägerbeschleunigung aus dem Unterarm heraus und spielen Lobs ausschließlich aus dem Handgelenk.

Beim Ausschwingen

○ Bei unter Zeitdruck gespielten Lobs verzichten einige Spieler auf die deutliche Ausschwungbewegung, wenn die Schlägerbeschleunigung wesentlich aus dem Handgelenk erfolgt ist.

Häufig auftretende Fehler

Bei der Schlagvorbereitung

○ Die Schlagstellung wird zu nahe am Ball gewählt. Dadurch kann der Schläger nicht von unten nach oben zum Treffpunkt geführt werden.
○ Die Schlagvorbereitung erfolgt zu spät. Dadurch fällt der Ball so tief, daß der Schlägerkopf nicht mehr unter den Ball gebracht werden kann.

Beim Schlagen und Treffen

○ Der Ball wird zu stark von hinten nach vorne, und nicht genügend von unten nach oben gespielt. Dadurch wird die Flugkurve zu flach.
○ Der Schläger wird nicht früh genug unter den Ball gebracht. Dadurch verkürzt sich der Beschleunigungsweg und der Lob gerät nicht hoch genug und zu kurz.
○ Die Beine sind zu Beginn der Schlagphase nicht genug gebeugt. Dadurch gelangt der Spieler nicht unter, sondern nur hinter den Ball (Abb.).

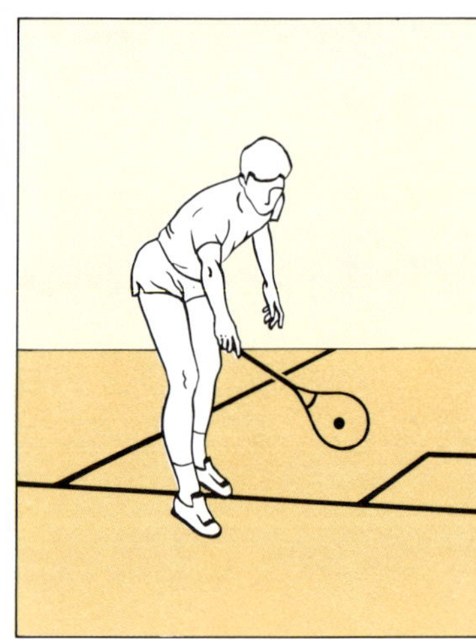

○ Der Ball wird aus dem Lauf geschlagen. Dadurch wird die Schlagbewegung zu hart, der Ball fliegt an die Courtdecke oder geht ins rückwärtige Aus.

Beim Ausschwingen

○ Die Ausschwungbewegung wird schon im Treffpunkt abgebrochen. Dadurch erhält der Ball zu wenig Beschleunigung nach oben und die Flugkurve wird zu flach.

Starker Einsatz des Handgelenkes bei einem Lob, der unter starkem Zeitdruck gespielt werden muß

Skrew-Ball (»Korkenzieher«)

Ein Skrew-Ball ist eine Variante des Lob. Er wird hoch in die Ecke zwischen Stirn- und Seitenwand gespielt, und zwar so, daß er zuerst die Stirnwand und unmittelbar danach die Seitenwand berührt. Dadurch erhält der Ball einen starken seitlichen Drall, verliert aber gleichzeitig viel Energie. Von der Seitenwand fliegt er im hohen Bogen in den rückwärtigen Courtbereich, berührt dort die Seiten- oder Rückwand oder trifft in deren Nähe auf dem Boden auf (Abb. unten).

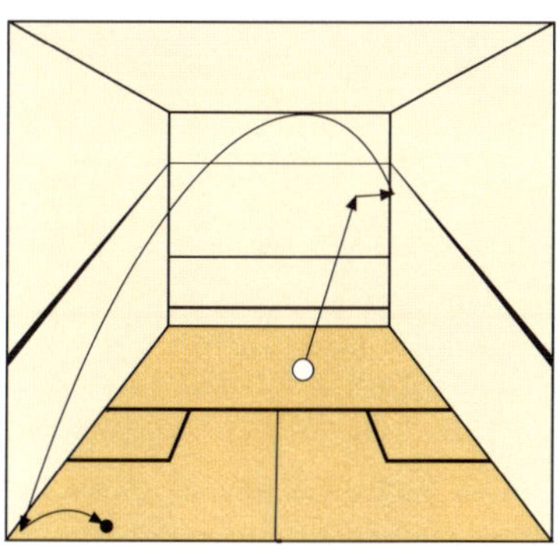

Flugbahn eines Skrew-Balles

Positionen im Court, aus denen diese Technik angewendet wird

○ Der Skrew-Ball wird, wie auch der Lob, aus dem vorderen Courtbereich oder aus dem Halbfeld gespielt.

Taktische Absichten, die mit dem Skrew-Ball verwirklicht werden sollen

○ Da ein Spieler mehr Zeit braucht, um einen Skrew-Ball zu spielen als z. B. zu einem normalen Lob, hat dieser mehr den Charakter eines Angriffs- oder Überraschungsballes.

○ Zusätzlich zu dem Überraschungseffekt, der mit dem Skrew-Ball erreicht werden kann, bewirkt der starke seitliche Drall, daß der Ball in der dritten Flugphase fast parallel zur Rückwand fliegt. Von dort läßt sich ein Rückschlag nur sehr schwer anbringen.
Der steile Einfallwinkel mit dem der Skrewball im hinteren Courtbereich zu Boden fällt, erschwert den Rückschlag zusätzlich.

Schlagtechniken

Skrew-Ball

Was der Spieler tun muß, um seine taktischen Absichten zu verwirklichen

Wichtig beim Schlagen und Treffen

○ Die Schlägerbeschleunigung erfolgt mit vollem Schwung und zum Treffpunkt hin stark aufwärts.
○ In der Schlagstellung sind die Beine zunächst stark gebeugt, damit der Schlägerkopf unter den Ball gebracht werden kann.
○ Zum Treffpunkt hin werden die Beine gestreckt, um den Schwung des Schlägers zu unterstützen.
○ Der Ball wird in einem verhältnismäßig hohem Treffpunkt (Hüft- bis Schulterhöhe) getroffen.
○ In das Eck zwischen Stirn- und Seitenwand auf der Vorhandseite wird der Skrew-Ball mit der Rückhand gespielt und umgekehrt (Abb. rechts), (vergleiche auch Stellung beim Skrew-Aufschlag). Dadurch vergrößert sich der Überraschungseffekt.

Wichtig bei der Schlagvorbereitung

○ Die Schlagvorbereitung muß sehr früh erfolgen, da für den Skrew-Ball ein langer Beschleunigungsweg des Schlägers erforderlich ist.
○ Beim Weg in die Schlagstellung müssen Vorhand und Rückhand oftmals umlaufen werden, da der Schlag von der »falschen Seite« aus gespielt wird.

Schlagstellung bei einem Vorhand- (oben) und einem Rückhand- (unten) Skrew-Ball

Wichtig beim Ausschwingen

○ Bedingt durch den starken Schwung, mit dem der Schlag ausgeführt wird, erfolgt eine deutliche Ausschwungbewegung, die bis über Kopfhöhe fortgesetzt wird.

Häufig auftretende Fehler

Bei der Schlagvorbereitung

○ Die Ausholbewegung ist zu gering. Dadurch kann die nötige Schlägerbeschleunigung nicht erreicht werden und der Ball fällt bereits im Halbfeld zu Boden.
○ Der Ball wird zu nahe angelaufen. Dadurch ist das schwunghafte Schlagen stark beeinträchtigt und die nötige Schlaghöhe wird nicht erreicht. Der Ball gerät zu kurz.

Beim Schlagen und Treffen

○ Der Treffpunkt liegt zu tief, dadurch kann der Ball nicht genug nach oben geschlagen werden und gerät zu kurz.
○ Der Schlag ist nicht hart genug, dadurch gerät er ebenfalls zu kurz.
○ Der Ball wird zu weit in die Mitte der Frontwand gespielt. Dadurch verändern sich die Flugwinkel und der Ball gelangt nicht bis zur Rückwand, sondern fällt bereits im Halbfeld von der Seitenwand wieder zu Boden.

Beim Ausschwingen

○ Der Ausschwung wird zu früh gebremst. Dadurch wird der Schlag schon während der Schlagphase verzögert.

Volley

Im Squash lassen sich fast alle Schläge auch als Volley, d. h., bevor der Ball das erste Mal den Boden berührt hat, spielen (z. B. Volley-Longline, Volley-Boast, Volley-Stop). Alle diese Techniken setzen sich aus der Volley-Grundtechnik und den Besonderheiten der einzelnen Schläge (z. B. Schlägergeschwindigkeit, Treffpunkt im Verhältnis zur Schlagstellung) zusammen.

Positionen im Court, aus denen diese Technik angewendet wird

○ Volleys können aus allen Bereichen gespielt werden. Am häufigsten werden sie im Halbfeld und beim Aufschlag-Return (vgl S. 84) angewendet, seltener aus der rückwärtigen und nur in wenigen Fällen aus dem vorderen Courtbereich.

Taktische Absichten, die mit dem Volley verwirklicht werden sollen

○ Wichtigstes Ziel des Volley-Spieles ist es, das Spieltempo zu erhöhen, also dem Spielpartner möglichst wenig Zeit für seine Spielhandlung zu lassen.

○ Durch das schnelle Spiel soll der Spielpartner aus der T-Position gedrängt bzw. seine Rückkehr zur T-Position verhindert und er zum Spielen von ungenauen Bällen verleitet werden.

○ In einer Angriffssituation kann der gewinnbringende Schlag oft ein Volley sein oder durch einen Volley vorbereitet werden.

○ In einer offenen Spielsituation kann mit einem Volley ein Tempowechsel eingeleitet – und damit der Spielpartner zu einer ungenauen Spielhandlung verleitet werden.

○ In einer defensiveren Spielsituation ist ein Volley oft das einzige Mittel, um einen Ball des Spielpartners überhaupt noch zu erreichen.

Lucy Scouter (England), einer der Nachwuchsstars bei den Frauen, bei einem Volley mit hohem Treffpunkt

Obere Bildreihe: Vorhand-Volley aus dem Halbfeld
Untere Bildreihe: Rückhand-Volley aus dem Halbfeld

Schlagvorbereitung (1–2): Frühzeitig Ausholen und rechtzeitig Starten in die Schlagposition.

1 2 3 4 5

10 9 8

Volley

Was der Spieler tun muß, um seine taktischen Absichten zu verwirklichen

Der gesamte Bewegungsablauf des Volley-Spiels entspricht in seinen wesentlichen Bewegungsmerkmalen den bereits bekannten Grundtechniken. Zusätzlich müssen in den einzelnen Phasen folgende Besonderheiten berücksichtigt werden.

Wichtig beim Schlagen

○ Mit dem Beginn der Schlägerbeschleunigung beginnt auch der letzte Schritt in die Schlagstellung. Diese wird unmittelbar vor dem Treffpunkt erreicht.
○ Je höher der Treffpunkt liegt, desto weniger wird der Schläger zu Beginn der Schlagphase abgesenkt. Der Beschleunigungsweg enthält dementsprechend mit zunehmender Treffpunkthöhe mehr und mehr horizontale Anteile.
○ Bei Treffpunkten über Kopfhöhe ist der Beschleunigungsweg sogar nach vorwärts-aufwärts gerichtet.
○ Die Gegenhand wird während des Schlagvorganges vom Körper abgespreizt, um ein stabiles Gleichgewicht des Körpers im Treffpunkt zu gewährleisten.

Schlagen und Treffen (3–7): Stark horizontaler Beschleunigungsweg, deutliche Gewichtsverlagerung, Treffpunkt vor dem vorderen Fuß.

Ausschwingen (8/9–10): Schwung in Schlagrichtung fortsetzen, um die Schlaggenauigkeit zu erhöhen.

7 8 9 10

6 5 4 3 2 1

Wichtig beim Treffen

○ Das Körpergewicht wird im Treffpunkt stark auf das vordere ballnahe Bein verlagert. Der Treffpunkt liegt deutlich vor dem vorderen Fuß.
○ Die Beine werden, abhängig von der Höhe des Treffpunktes, gebeugt oder gestreckt.
○ Bei einem hohen Treffpunkt kann der Ball mit einem geraden oder leicht geschlossenen Schlägerkopf getroffen werden, damit eine gute Länge erreicht wird.

Wichtig bei der Schlagvorbereitung

○ Bedingt durch die geringe Zeit, die für den gesamten Schlagablauf zu Verfügung steht, muß die Ausholbewegung so früh wie möglich begonnen werden.
○ Da das Volley-Spiel erhöhte koordinative Anforderungen an den Spieler stellt, muß besonderer Wert auf ein rechtzeitiges Erreichen der zur Seitenwand parallelen Stellung gelegt werden.

Wichtig beim Ausschwingen

○ Der Ausschwung ist beim Volley genauso deutlich ausgeprägt, wie bei einem hart geschlagenen Grundschlag. Um die Schlaggenauigkeit zu erhöhen, soll er in Schlagrichtung fortgesetzt werden.

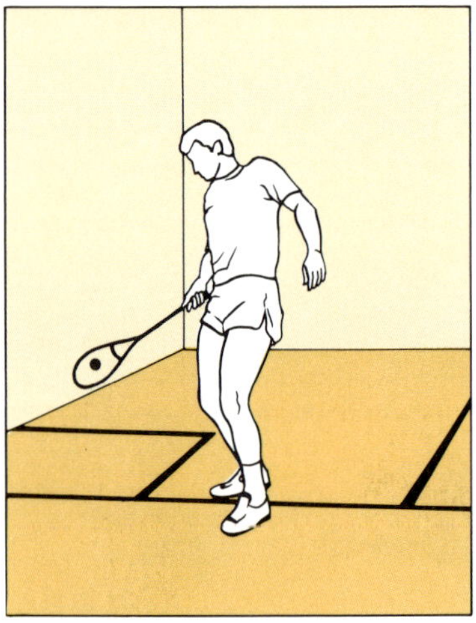

Schlagstellung zu nahe am Ball, dadurch Rücklage

Spielen eines Volley in Rücklage, dadurch keine Beschleunigung

Treffpunkt des Balles hinter dem Körper

Individuelle Abweichungen auf hohem Spielniveau

Bei der Schlagvorbereitung

○ Bedingt durch die Zeitknappheit verzichten einige Spieler auf eine ausgeprägte seitliche Stellung und spielen Volleys im Halbfeld mit nur einem seitlichen Schritt aus der T-Position heraus.
○ Einige Spieler verzichten auf eine vollständige Ausholbewegung und beschleunigen den Schläger stattdessen durch eine extreme Unterarmbewegung.

Beim Schlagen und Treffen

○ Bei Volleys mit hohem Treffpunkt, die in den vorderen Courtbereich gespielt werden (z. B. Volley-Stop) lassen sich im Treffpunkt sowohl sehr offene als auch geschlossene Schlägerstellungen beobachten.

Beim Ausschwingen

○ Bei Spielern, die Volleys mit verkürzter Ausholbewegung spielen, ist oft auch der Ausschwung sehr gering.

Häufig auftretende Fehler

Bei der Schlagvorbereitung

○ Die Ausholbewegung wird zu spät begonnen. Dadurch kann der richtige Treffpunkt nicht mehr erreicht werden.
○ Die seitliche Stellung wird nicht eingenommen. Dadurch kann der Schläger nicht weit genug hinter den Treffpunkt gebracht werden und die gewünschte Schlaghärte wird nicht erreicht.
○ Das Handgelenk ist nicht fixiert. Dadurch werden die Schlaggenauigkeit und die Härte der Schlagbewegung stark beeinträchtigt.
○ Der Treffpunkt wird zu nahe angelaufen. Dann muß die Schlagbewegung in Rücklage erfolgen. Darunter leidet die Schlaggenauigkeit (Abb. unten links).
○ Die Schlagstellung wird zu früh eingenommen. Dadurch wird eine vollständige Impulsübertragung vom Körper auf den Schläger unterbrochen.

Beim Schlagen und Treffen

○ Das Handgelenk ist nicht fixiert; dadurch verschlechtert sich die Ballkontrolle erheblich.
○ Der Oberkörper rotiert während des Schlagens. Auch dadurch wird die Ballkontrolle vermindert.
○ Der Treffpunkt liegt hinter dem Körper. Die Ballkontrolle ist dadurch erschwert und der Beschleunigungsweg für einen harten Schlag zu kurz (Abb. unten Mitte).
○ Die Schlagbewegung erfolgt in Rücklage, dadurch ist die Impulsübertragung vom Körper zum Schläger gestört, die Schlägerbeschleunigung bleibt zu gering (Abb. unten rechts).
○ Die Schlagbewegung erfolgt zu eng am Körper. Dadurch wird ein schwunghaftes Schlagen verhindert.

Beim Ausschwingen

○ Die Ausschwungbewegung endet unmittelbar beim Treffpunkt. In diesem Fall wurde der Ball nicht geschlagen, sondern der Schläger nur passiv »hingehalten«.
○ Die Ausschwungbewegung erfolgt zu weiträumig. Dadurch wird der Spielpartner gefährdet.

Halbvolley (Halbflugball)

Als Halbvolley bezeichnet man einen Ball, der unmittelbar nach seinem Aufspringen auf den Boden, also zu Beginn der aufsteigenden Flugkurve gespielt wird (Abb. unten).

Positionen im Court, aus denen die Technik angewendet wird

○ Halbvolleys können aus allen Positionen im Court, mit Ausnahme der hinteren Ecken, gespielt werden.

Taktische Absichten, die mit dem Halbvolley verwirklicht werden sollen

○ Mit einem Halbvolley soll meist in Angriffssituationen, in denen ein Ball nicht mehr volley zurückgespielt werden kann, das Tempo des Spiels erhöht werden.
○ Mit der Halbvolley-Technik werden meistens kurze Bälle (Stops, kurze Boasts) gespielt.

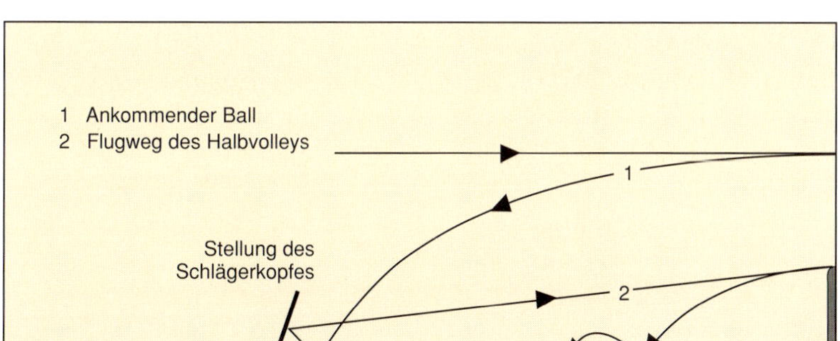

Treffpunkt und Flugweg eines Halbvolley

Schlagtechniken

Halbvolley

Was der Spieler tun muß, um seine taktischen Absichten zu verwirklichen

Wichtig beim Schlagen und Treffen

○ Der Beschleunigungsweg des Schlägers wird stark verkürzt.
○ Der Schläger wird dem vom Boden abspringenden Ball mehr »entgegengehalten«, als daß eine aktive Schlagbewegung erfolgt.
○ Im Treffpunkt ist der Schlägerkopf gerade oder geschlossen, da der vom Boden abspringende Ball mit stark aufwärts gerichtetem Ausfallswinkel vom Schläger abspringt.
○ In der Schlagstellung sind die Beine stark gebeugt, da der Treffpunkt knapp über dem Boden liegt (da die tiefe Stellung in manchen Fällen nicht mehr erreicht werden kann, wird der Halbvolley auch mit »hängendem« Schläger gespielt).

Wichtig bei der Schlagvorbereitung

○ Die Schlagvorbereitung ist beim Halbvolley stark verkürzt und oft auf das Einnehmen einer günstigen Schlagstellung (analog zu der der Grundschläge) und einer geringfügigen Ausholbewegung begrenzt.

Wichtig beim Ausschwingen

○ Da der Schläger dem Ball hauptsächlich »entgegengehalten« wird, ist eine aktive Ausschwungbewegung kaum vorhanden.

Individuelle Abweichungen auf hohem Spielniveau

○ Vor allem auch weil die Schlagvorbereitung und der Ausschwung stark verkürzt sind, sind nennenswerte individuelle Abweichungen bei dieser Technik nicht bekannt.

Häufig auftretende Fehler

Beim Schlagen und Treffen

○ Der Schlägerkopf ist im Treffpunkt zu offen. Dadurch gelangen die Bälle zu hoch an die Stirnwand und erzielen die beabsichtigte taktische Wirkung nicht.
○ Der Schläger ist zu stark geschlossen. Dadurch erreicht der Ball nicht die erforderliche Höhe und geht ins Tin.
○ Der Ball wird im Moment des Aufsprungs auf den Boden mit dem Schlägerrahmen getroffen und verspringt unkontrolliert.

Spiel aus den hinteren Ecken

Oft ist es für einen wenig fortgeschrittenen Spieler enttäuschend, wenn er vor einem in der hinteren Ecke des Courts aufspringenden Ball steht, und kein Mittel weiß, diesen zurückzuspielen. Es sind aber, sofern die entsprechende Technik beherrscht wird, fast alle dort aufspringenden Bälle zurückspielbar.

Rodney Martin beim Spiel aus der hinteren Rückhandecke. Durch die tiefe Körperposition kann der Schläger unter den Ball gebracht werden

Taktische Absichten, die mit dem Spiel aus den hinteren Ecken verwirklicht werden sollen

○ Je genauer ein Ball in eine der hinteren Ecken gespielt wird, desto defensiver ist die Spielsituation für denjenigen, der diesen Ball zurückspielen muß. Das Spielen von Bällen aus den hinteren Ecken bedeutet deshalb für den Spieler meistens, daß er sich in einer Verteidigungsposition befindet.

○ Gemäß der taktischen Grundsituation, daß in einer Verteidigungsposition zunächst Zeit gewonnen (um wieder die T-Position zu erreichen) und der gewinnbringende Schlag des Spielpartners möglichst verhindert werden sollte, werden aus den hinteren Ecken hauptsächlich

- longline (hoch und mit geringerer Härte an die Frontwand gespielt),
- defensive Boasts und
- hohe, mit geringer Härte gespielte Crosscourts,
- (auf hohem technischen Niveau) auch harte und flache Longlines und Crosscourts

gespielt.

○ Für Spieler, die das Spiel aus den hinteren Ecken sehr gut beherrschen, kann sich die Verteidigungssituation zu einer offeneren Spielsituation hin verändern, da sie in der Lage sind, auch aus diesen Positionen variabel, d. h. im Sinn ihrer taktischen Absicht zu spielen.

○ Durch ein solches variables Spiel aus den hinteren Ecken kann ein auf einen bestimmten Schlag fixierter (»spekulierender«) Spielpartner oftmals überrascht werden und selbst in die Defensive gebracht werden.

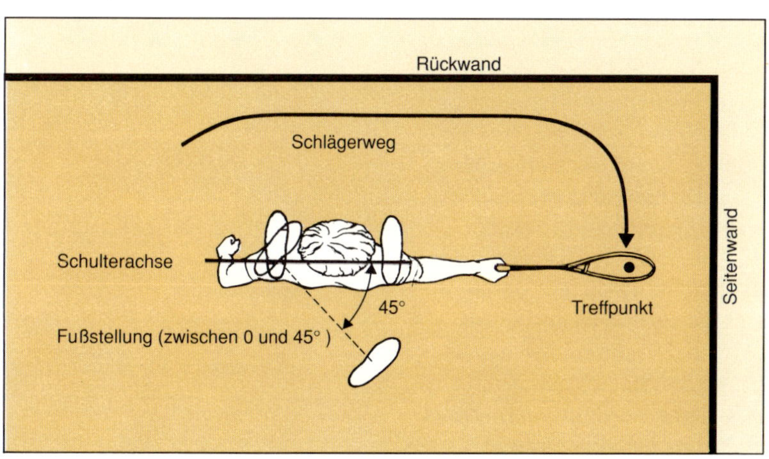

Fußstellung, Schulterachse und Beschleunigung des Schlägerkopfes beim Spiel aus der hinteren Ecke (hier auf der Rückhandseite). Wichtig ist die parallele Ausrichtung der Schulterachse zur Rückwand des Courts

Spiel aus der hinteren Ecke mit Vorhand

Schlagvorbereitung (1–2): Deutlicher Abstand zur Seitenwand, nicht zu nahe zur Rückwand. Die Schulterachse ist parallel zur Rückwand.

Schlagen und Treffen (3, 4 für VH, 3 für RH): Beschleunigen des Schlägers vor dem Körper, der Treffpunkt liegt seitlich versetzt auf Körperhöhe, Treffen mit geöffnetem Schlägerkopf.

4 3 2 1

Spiel aus der hinteren Ecke

Was der Spieler tun muß, um seine taktischen Absichten zu verwirklichen

Das Spiel aus den hinteren Ecken ist besonders dadurch gekennzeichnet, daß dem Spieler für seine Schlagbewegung nur ein sehr geringer, durch Rück- und Seitenwand gleichzeitig begrenzter Raum zur Verfügung steht. Besonders die Rückwand macht es unmöglich, den Schläger weit hinter den Ball zu bringen, um so den optimalen Beschleunigungsweg zu erreichen. Der Beschleunigungsweg muß also verlagert werden. Da der einzig mögliche Ort hierfür der parallel zur Rückwand verlaufende Bereich des Courts ist, der Schlägerkopf aber (z. B. beim Longline) im Treffpunkt parallel zur Stirnwand stehen muß, ergibt sich als Beschleunigungsweg eine (horizontal gesehen) zunächst gerade, in ihrem letzten Teil stark gekrümmte (90°) Linie (siehe Abb. S. 65 unten). In der Vertikalen unterscheidet sich der Schwungverlauf nicht wesentlich von dem der Grundschläge.
Um einen solchen »Weg des Schlägers« zu ermöglichen, muß die Schulterachse von Beginn des Schlages an bis zu dem Zeitpunkt, zu dem der Schläger am Körper vorbei geschwungen ist, parallel zur Rückwand des Courts ausgerichtet sein. (Geschieht das nicht, so wird die Schwungbewegung von der Rückwand des Courts verhindert.) Eine solche Stellung der Schulterachse wird erreicht, wenn der Spieler eine Schlagstellung (Fußstellung) in einem Bereich zwischen der 45°-Diagonalen (Ausrichtung in die hintere Ecke) und der Senkrechten zur Rückwand wählt (Abb. S. 65 unten). Die Angleichung bis zur Achsparallelität Schulterachse-Rückwand erfolgt in Abhängigkeit von dieser Stellung durch eine Verwringung des Oberkörpers. Erst, wenn der Schläger am Körper vorbeigeführt ist, wird durch eine aktive Drehung des Oberkörpers die Schlagbewegung in Schlagrichtung unterstützt. Diese Drehung ist auf der Vorhandseite stärker ausgeprägt als auf der Rückhandseite, da der Drehpunkt (Schultergelenk) hier weiter vom Ball entfernt ist.

Ausschwingen (4 für RH): Ausschwung in Schlagrichtung fortsetzen, rechtzeitig den Rückweg zur T-Position beginnen.

Spiel aus der hinteren Ecke mit Rückhand

4 3 2 1

Wichtig beim Schlagen

○ Der Abstand zur Seitenwand ist so groß, daß der Schläger ungehindert zum Treffpunkt geführt werden kann.
○ Der Schläger wird zunächst parallel zum Körper vor diesem vorbei beschleunigt.
○ Im letzten Teil der Beschleunigungsphase wird der Schläger so weit gedreht (abhängig von der angestrebten Technik), daß die gewünschte Schlägerstellung im Treffpunkt erreicht wird. Diese Drehung wird durch den Unter- und Oberarm ausgelöst und durch eine leichte Oberkörperrotation unterstützt.
○ Durch einen aktiven Einsatz des Handgelenks können Drehung und Beschleunigung des Schlägers ebenfalls unterstützt werden.

Wichtig beim Treffen

○ Der Treffpunkt liegt auf Höhe des Körpers oder vor diesem (von der Stirnwand her gesehen).
○ Der Schlägerkopf ist im Treffpunkt leicht geöffnet, bei hoch an die Stirn- oder Seitenwand gespielten Bällen entsprechend mehr.
○ Der Schläger wird im Treffpunkt annähernd parallel zum Boden geführt.
○ Der Schlagarm ist im Treffpunkt nahe am Körper und fast völlig gestreckt.
○ Das Körpergewicht ist im Treffpunkt gleichmäßig auf beide Beine verteilt.

Wichtig bei der Schlagvorbereitung

○ Der Spieler wählt früh eine Schlagstellung in einem Bereich zwischen 45 ° und 90 ° zur Rückwand.
○ Der Abstand zur Seitenwand ist so groß, daß der Schläger ungehindert zum Treffpunkt geführt werden kann, auf der Rückhandseite also größer als auf der Vorhandseite.
○ Die Schlagstellung wird so nahe der Rückwand gewählt, daß der Treffpunkt auf Körperhöhe bzw. kurz davor liegen kann.
○ Der Schläger wird ebenso zurück und nach oben zum Umkehrpunkt geführt wie bei den Grundschlägen.

Wichtig beim Ausschwingen

○ Die Schlagbewegung wird deutlich in Flugrichtung des Balles fortgesetzt.
○ Mit dem Ausschwung beginnt der Rückweg zur T-Position.

Schlagtechniken

Individuelle Abweichungen auf hohem Spielniveau

Bei der Schlagvorbereitung

○ Einige Spieler wählen auf der Vorhandseite eine Schlagstellung im 45 °-Bereich, bei der der rechte Fuß näher zum Ball steht. Dadurch bringen sie die Drehachse (Schulter) näher zum Treffpunkt. Diese Stellung begünstigt z. B. das Spielen von Crosscourt-Bällen.

Beim Schlagen und Treffen

○ Einige Spieler verzichten in extremen Situationen auf eine starke Schlägerbeschleunigung und »heben« den Ball an die Stirn- oder Seitenwand. Dies hat zur Folge, daß der Schlag nur eine geringe Härte aufweist, was jedoch mit außerordentlicher Präzision ausgeglichen wird.
○ Vereinzelt greifen Spieler in extremen Situationen den Schläger sehr weit vorne am Schaft (sogenannter Kurzgriff), um so eine bessere Ballkontrolle zu erreichen. Dadurch verlieren die Schläge aber ebenfalls sehr viel von ihrer Härte.

Beim Ausschwingen

○ Spieler, die ohne starke Schlägerbeschleunigung Bälle aus den hinteren Ecken spielen, verkürzen oft die Ausschwungbewegung entsprechend.

Häufig auftretende Fehler

Bei der Schlagvorbereitung

○ Die Schlagstellung wird zu nahe der Seitenwand eingenommen. Dadurch wird die Schlagbewegung im Bereich kurz vor dem Treffpunkt behindert.
○ Der Ball wird zu direkt angelaufen. Dadurch wird ein schwungvolles unbehindertes Schlagen unmöglich gemacht.
○ Die Schlagstellung wird nicht weit genug zur Rückwand des Courts ausgerichtet. Dadurch wird die Schlagbewegung im ersten Teil beeinträchtigt oder unmöglich gemacht.
○ Der Schläger wird nicht rechtzeitig zum Umkehrpunkt gebracht. Dadurch wird oft der richtige Zeitpunkt zum Treffen verpaßt, was einen Verlust der Variabilität der Spieler mit sich bringt.

Beim Schlagen und Treffen

○ Die Parallelität der Schulterachse zur Rückwand wird zu früh aufgegeben. Der Schlag wird durch die Rückwand behindert.
○ Der Treffpunkt liegt hinter dem Körper (von der Stirnwand aus gesehen). Dadurch wird die richtige Schlägerstellung für einen Longline verhindert.
○ Der Schläger ist im Treffpunkt gerade oder geschlossen. Dadurch erreicht der Ball die erforderliche Höhe nicht und geht ins Tin.
○ Das Handgelenk ist im Treffpunkt locker. Darunter leidet die Ballkontrolle.

Beim Ausschwingen

Der Spieler verharrt nach dem Schlag zu lange in der Schlagstellung. Dadurch gerät er unter Zeitdruck.

Susan Devoy, die vielfache Weltmeisterin aus Neuseeland, beim Spiel aus der hinteren Ecke

Killshot

Positionen im Court, aus denen die Technik angewendet wird

○ Killshots werden vorwiegend aus dem vorderen Courtbereich, gelegentlich auch aus dem Halbfeld gespielt.

Taktische Absichten, die mit dem Killshot verwirklicht werden sollen

○ Ein Killshot ist ein reiner Angriffsball. Er kann nur in sehr günstigen Angriffssituationen gespielt werden, da die Schlagvorbereitung früh erfolgen muß.

○ Mit dem Killshot soll unmittelbar ein Punkt erzielt werden, indem
- der Ball ins Nick fällt oder
- der Ball kurz hintereinander im Vorderfeld mehrmals aufspringt, bevor der Spielpartner ihn erreichen kann.

○ Dadurch, daß beim Killshot der aufspringende Ball von oben fast zentral mit hoher Geschwindigkeit getroffen wird, verformt er sich sehr stark. Die Verformung hält bis zur Bodenberührung an. So verliert der Ball vorübergehend einen Großteil seiner Elastizität (vergleiche auch S. 14 f.). Daher kommt es, daß er in kurzen Abständen mehrmals auf den Boden aufspringt.

○ Da mit einem leicht geöffneten Schläger oft ein genaueres Spiel möglich ist (längerer Kontakt Schläger–Ball), werden Killshots in das Nick oftmals mit offenem Schläger gespielt.

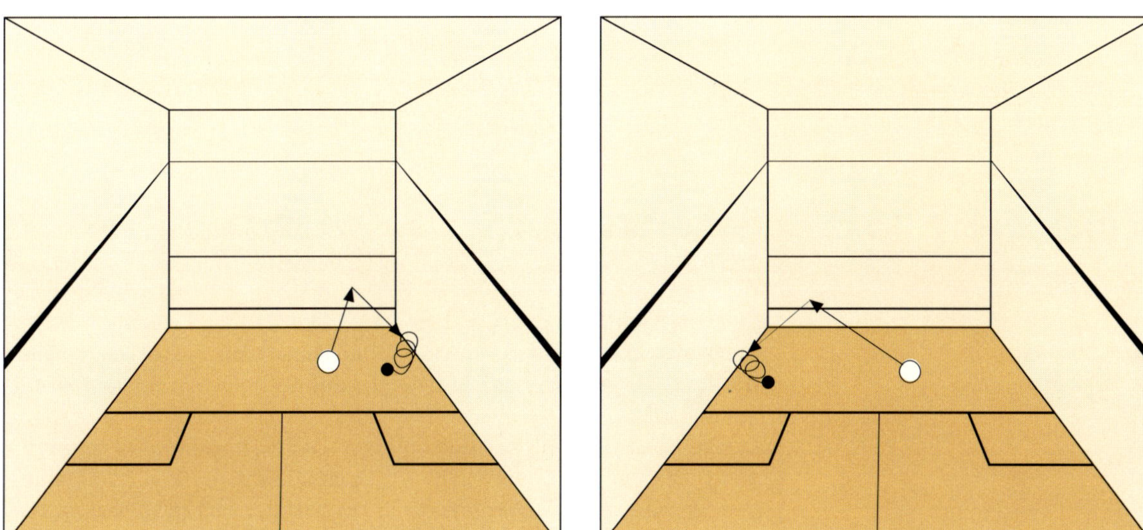

Verschiedene Flugwege des Killshots

Obere Bildreihe: Vorhand-Killshot
Untere Bildreihe: Rückhand-Killshot

Schlagvorbereitung (1–3/4): Frühzeitige Schlagvorbereitung mit aufgerichtetem Oberkörper.

Schlagen und Treffen (4/5–8): Maximale Schlägerbeschleunigung von hinten oben nach vorne unten, Tref-

1 2 3 4 5

10 9 8 7

Killshot

Was der Spieler tun muß, um seine taktischen Absichten zu verwirklichen

Wichtig beim Schlagen

○ Der Beschleunigungsweg des Schlägers verläuft vor dem Körper schräg von oben nach unten auf den Ball.
○ Die Schlagstellung ist exakt gleich wie bei den Grundschlägen, das Gewicht wird während des Schlags deutlich auf den vorderen Fuß verlagert.
○ Der Schlag wird mit maximaler Härte (Geschwindigkeit) ausgeführt.

Wichtig beim Treffen

○ Der Ball wird noch in seiner aufsteigenden Flugphase, spätestens im höchsten Punkt getroffen.
○ Der Schlägerkopf ist im Treffpunkt leicht geöffnet oder gerade, so daß der Ball möglichst zentral getroffen werden kann.
○ Beim geraden Killshot (longline) liegt der Treffpunkt auf Körperhöhe, beim diagonalen Killshot (crosscourt) deutlich vor dem vorderen Fuß.

fen des Balles in seiner aufsteigenden Phase (bzw. an seinem höchsten Punkt) vor dem Körper.

Ausschwingen (9–10): Ausgeprägte Ausschwungbewegung in Schlagrichtung bei gleichzeitigem Aufrichten des Oberkörpers.

7 8 9 10

6 5 4 3 2 1

Wichtig bei der Schlagvorbereitung

○ Da der Ball noch in seiner aufsteigenden Flugphase gespielt werden soll, muß die Schlagvorbereitung zum frühestmöglichen Zeitpunkt beginnen und der Schläger bis deutlich über Kopfhöhe zurückgeführt werden.
○ Während des Ausholens wird durch eine entsprechende Schrittkombination eine Stellung erreicht, aus der der Spieler durch einen Schritt in Schlagrichtung in die Schlagstellung gelangt.

○ Der Körper ist zu diesem Zeitpunkt hoch aufgerichtet.
○ Der Schläger hat am Ende der Ausholbewegung einen deutlichen Ruhepunkt.

Wichtig beim Ausschwingen

○ Die Ausschwungbewegung wird betont deutlich in die Schlagrichtung fortgesetzt.
○ Mit dem Ausschwung beginnt das Aufrichten des Körpers und der Rückweg zur T-Position.

Schlagtechniken

Individuelle Abweichungen auf hohem Spielniveau

Beim Schlagen und Treffen

○ Einige Spieler halten den Schlägerkopf im Treffpunkt geschlossen. Dadurch kann der Ball mit maximaler Härte gespielt werden. Allerdings ist die Gefahr sehr groß, daß der Ball ins Tin geschlagen wird.

Häufig auftretende Fehler

Bei der Schlagvorbereitung

○ Die Schlagvorbereitung beginnt zu spät. Dadurch kann der Ball nicht mehr in der aufsteigenden Phase getroffen werden.
○ Der Ball wird zu nahe angelaufen. Dann kann während des Schlages keine Gewichtsverlagerung mehr zum Ball hin erfolgen.

Beim Schlagen und Treffen

○ Der Ball wird nicht zentral genug getroffen. Dadurch erreicht er die nötige Verformung nicht und die dritte Flugphase wird länger als erwartet.
○ Der Ball wird nicht genügend von oben nach unten getroffen. Dadurch wird die Länge des Flugweges vergrößert.
○ Der Ball wird nicht hart genug geschlagen. Dadurch verlängert sich die Flugbahn.

Beim Ausschwingen

○ Das Ausschwingen ist nicht ausgeprägt und wird zu früh abgebrochen; vermutlich wegen zu wenig Schwung im Treffpunkt.

Spiel über die Rückwand (Backwall-Boast)

Das Spiel über die Rückwand sollte im Squash so selten wie möglich angewendet werden. Es stellt eine Notlösung dar, weil der Ball nach dem Auftreffen auf die Stirnwand sehr langsam wird, meistens sehr weit vorne im Court aufspringt und dem Spielpartner so viel Zeit bleibt, um einen erfolgreichen Angriffsball zu spielen. Angewendet werden sollte diese Technik nur, wenn dem Spielpartner z. B. ein so guter Passierball gelungen ist, daß keine andere Möglichkeit zum Spielen des Balles mehr bleibt.

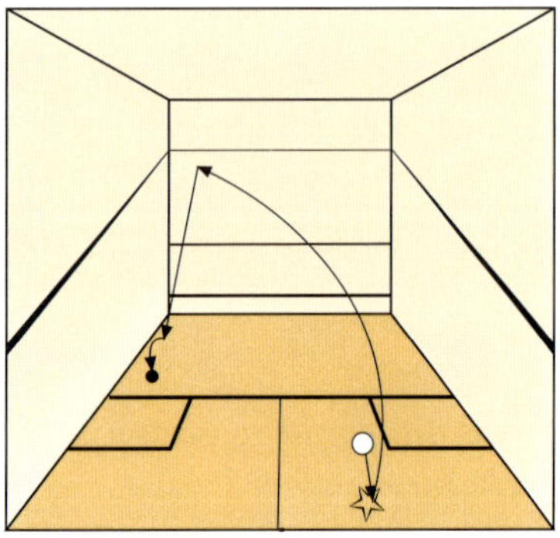

Flugweg eines Balles beim Spiel über die Rückwand

Positionen im Court, aus denen diese Technik angewendet wird

○ Bälle über die Rückwand werden nur aus den hinteren Bereichen des Courts, also aus der Nähe der Rückwand gespielt.

Taktische Absichten, die mit dem Spiel aus den hinteren Ecken verwirklicht werden sollen

○ Über die Rückwand spielen zu müssen, ist die Folge einer sehr defensiven Spielsituation. Das einzige taktische Ziel dieser Technik ist es, den Ball im Spiel zu halten (Abb. links unten).
○ Auch beim Spiel über die Rückwand bedeutet es ein geringeres Risiko, wenn der Ball crosscourt gespielt wird, da sich so die Gefahr verringert, daß er ins Seitenaus geht (vergleiche Lob, S. 53 f.).

Schlagstellungen beim Spiel über die Rückwand auf der Vorhandseite (oben) und Rückhandseite (unten)

Schlagtechniken

Was der Spieler tun muß, um seine taktischen Absichten zu verwirklichen

○ Beim Spiel über die Rückwand wird im Prinzip die gleiche Technik angewendet wie beim Lob, allerdings mit zwei Unterschieden:

- Der Ball wird härter als beim Lob gespielt, damit er die Stirnwand möglichst hoch erreicht, lange hoch im Court bleibt und möglichst weit ins Feld zurückkommt.
- Die Schlagstellung ist genau um 180 ° gedreht, der Spieler steht also fast frontal zur Rückwand.

Wichtig beim Schlagen und Treffen

○ Alles, was auch beim Lob wichtig ist.
○ Der Abstand zur Rückwand muß so groß sein, daß der von dort zurückspringende Ball den Spieler nicht trifft.
○ Die Schlaghärte muß so dosiert sein, daß der Ball nicht gegen die Decke oder über der Stirnwand ins Aus springt.

Wichtig bei der Schlagvorbereitung

○ Die Schlagvorbereitung muß unmittelbar nach der Entscheidung, den Ball über die Rückwand spielen zu wollen, erfolgen. Die plötzliche Orientierung zur Rückwand, also die Drehung der Spielrichtung um 180 °, vertauscht nämlich die Vorhandseite und die Rückhandseite (und umgekehrt); und deshalb muß in vielen Fällen eine bereits begonnene Schlagvorbereitung abgebrochen und auf der anderen Seite neu begonnen werden.
○ Die Schlagstellung muß mit ausreichendem Abstand zur Rückwand gewählt werden.

Wichtig beim Ausschwingen

○ Der Ausschwung wird in Abhängigkeit der Schlaghärte deutlich in Schlagrichtung bis über Kopfhöhe weitergeführt.
○ Unmittelbar nach dem Treffpunkt beginnt die Orientierung zur T-Position.

Individuelle Abweichungen auf hohem Spielniveau

Beim Schlagen und Treffen

○ Einige Spieler verzichten auf das harte Schlagen des Balles und spielen über die Rückwand so, daß der Ball die Stirnwand knapp über der unteren Auslinie erreicht. Dadurch wird der Spielpartner weit aus der Feldmitte getrieben und muß einen schwer zu spielenden Ball zurückschlagen. Diese Technik erfordert aber ein sehr hohes Maß an Ballgefühl und birgt ein hohes Risiko in sich (der Ball geht leicht ins Tin).

Häufig auftretende Fehler

○ Der erste Fehler ist, überhaupt über die Rückwand zu spielen. Fast jeder andere Schlag sollte, sofern er irgendwie möglich ist, dem Spiel über die Rückwand vorgezogen werden.

Bei der Schlagvorbereitung

○ Die Umorientierung im Court erfolgt zu spät. Dadurch bleibt keine Zeit mehr zum Ausholen.
○ Der Spieler läuft »in die Rückwand«. Dadurch behindert er sich selbst beim Schlagen, vor allem kann er den Ball nicht mehr mit genügend Aufwärtsbewegung spielen.

Beim Schlagen und Treffen

○ Der Ball wird zu flach an die Rückwand gespielt. Dadurch gelangt er nicht bis an die Stirnwand.
○ Der Ball wird zu hart gespielt. Dadurch fliegt er an die Decke oder ins Aus über der vorderen oder seitlichen oberen Auslinie.
○ Die Schlagstellung ist zu nahe an der Rückwand. Dadurch besteht die Gefahr, daß sich der Spieler den Ball auf den eigenen Körper spielt.

Beim Ausschwingen

○ Der Rückweg aus der T-Position wird nicht unmittelbar nach dem Treffpunkt begonnen. Dadurch bleibt der Spieler weiter unter starkem Druck.
○ Der Ausschwung wird zu früh beendet. Dadurch wird die Schlägergeschwindigkeit in Wirklichkeit schon vor dem Treffpunkt reduziert.

Schlagtechniken

Aufschläge

Positionen im Court, aus denen diese Techniken angewendet werden

○ Aufschläge werden, bedingt durch die Spielregel, in den Aufschlagvierecken bzw. in deren unmittelbarer Nähe ausgeführt.

Taktische Absichten, die mit den Aufschlägen verwirklicht werden sollen

○ Wichtigster Zweck des Aufschlages ist es, den Ball regelgerecht ins Spiel zu bringen.
○ Darüber hinaus soll der Spielpartner mit dem Aufschlag möglichst in eine defensive Spielsituation gebracht werden; auf keinen Fall aber selbst mit dem Aufschlagreturn eine Angriffsposition erreichen können.
○ Unter sehr günstigen Voraussetzungen kann mit dem Aufschlag ein direkter Punkt erzielt werden.
○ Fast jeder Aufschlag kann, vom schlagtechnischen Ablauf her gesehen, entweder als ein Volley-Crosscourt oder als ein Volley-Crosscourt-Lob bezeichnet werden. Der einzige Unterschied besteht darin, daß der Spielpartner keinen Einfluß auf den Flug des Balles vor dem Treffpunkt hat, sondern dieser vom aufschlagenden Spieler ganz alleine bestimmt werden kann.
○ Um die genannten taktischen Absichten zu verwirklichen, werden hauptsächlich zwei Arten von Aufschlägen verwendet, nämlich der »halbhohe« oder »harte« Aufschlag und der »Lob-Aufschlag«.

Vicki Carwell (England) voll konzentriert auf den Aufschlag

Harter Aufschlag

Um den Rückschlag (Return) auf einen harten Aufschlag zu erschweren, sollte dieser sich im rückwärtigen Teil des Courts möglichst lange nahe der Seitenwand und – nach dem ersten Auftreffen auf dem Boden – auch möglichst nahe der Rückwand befinden. Ein entsprechend spitzer Ein- und Ausflugswinkel an der Seitenwand wird dadurch erreicht, daß der Ein- und Ausflugwinkel an der Frontwand (knapp über der Aufschlaglinie) möglichst stumpf gewählt wird. Deshalb sollte der harte Aufschlag immer aus einer Stellung zur Spielfeldmitte (T-Position) hin erfolgen (Abb. unten). Das heißt für Rechtshänder: Von der rechten Aufschlagseite her sollte mit der Rückhand aufgeschlagen werden, und von der linken Aufschlagseite sollte der Aufschlag mit der Vorhand erfolgen.

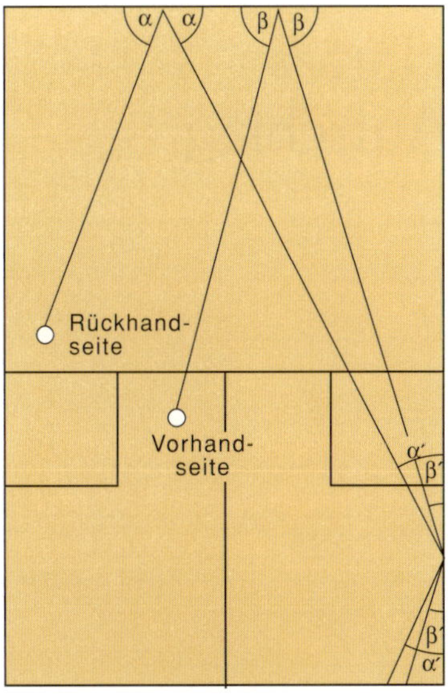

Günstige und ungünstige Ein- und Ausfallswinkel bei einem harten Aufschlag aus verschiedenen Schlagstellungen

Obere Bildreihe: Harter Aufschlag von links mit der Vorhand
Untere Bildreihe: Harter Aufschlag von rechts mit der Rückhand

Schlagvorbereitung (1–3): Ball mit gestrecktem Arm senkrecht anwerfen und gleichzeitig den Schläger zurückführen.

1 2 3 4 5

10 9 8

Harter Aufschlag

Was der Spieler tun muß, um seine taktischen Absichten zu verwirklichen

Wichtig beim Schlagen

○ Der Schläger wird wie beim Volley zum Treffpunkt hin beschleunigt.
○ Zum Treffpunkt hin wird das Gewicht auf den vorderen Fuß verlagert.

Wichtig beim Treffen

○ In der Schlagstellung sind die Füße ungefähr parallel zur Seitenwand oder leicht in die gegenüberliegende hintere Courtecke gerichtet.
○ Der Treffpunkt liegt auf Höhe des vorderen Fußes in einem Bereich zwischen Hüft- und Kopfhöhe.
○ Der Schlägerkopf ist im Treffpunkt, je nachdem welche Flugbahn und welche Schlaghärte angestrebt wird, leicht geöffnet bis gerade.

Schlagen und Treffen (4–7/8): Gewichtsverlagerung auf den vorderen Fuß, der Treffpunkt liegt zwischen Hüft- und Kopfhöhe.

Ausschwingen (9–10): Ausschwung in Schlagrichtung fortsetzen und Laufbewegung zur T-Position beginnen.

7 8 9 10

6 5 4 3 2 1

Wichtig bei der Schlagvorbereitung

○ Der Ball wird mit fast gestrecktem linken Arm auf Höhe des späteren Treffpunkts senkrecht angeworfen.
○ Spätestens mit dem Anwerfen des Balles wird der Schläger zum Umkehrpunkt zurückgeführt.
○ Beim Rückhand-Aufschlag befindet sich der rechte Arm im Moment des Ballanwerfens über dem linken.

Wichtig beim Ausschwingen

○ Die Ausschwungbewegung wird deutlich sichtbar in die Schlagrichtung fortgesetzt. Unmittelbar nach dem Treffpunkt beginnt die Laufbewegung aus dem Aufschlagviereck in die T-Position.

Schlagtechniken

Individuelle Abweichungen auf hohem Spielniveau

○ Einige Spieler wählen beim Aufschlag einen Treffpunkt über Kopfhöhe. Sie treffen den Ball mit geradem oder leicht geschlossenem Schläger sehr zentral und erreichen so eine größere Aufschlaghärte.

○ Einige Spieler bevorzugen beim Aufschlag nur die Vorhand- bzw. Rückhandseite. Diese Spieler nehmen den schlechteren Ein- bzw. Ausflugwinkel auf einer Seite bewußt in Kauf.

Jamie Hichcox (England) beim Rückhand-Aufschlag

Schlagtechniken

Häufig auftretende Fehler

Bei der Schlagvorbereitung

○ Der Schläger wird zu spät zurückgeführt. Dadurch wird der Beschleunigungsweg zu kurz und die Zeit knapp. Der Aufschlag gerät zu kurz oder wird ungenau.
○ Der Ball wird unkontrolliert angeworfen, dadurch wird die Schlaggenauigkeit stark beeinträchtigt.
○ Der Ball wird zu eng am Körper angeworfen. In diesem Fall kann kein schwunghaftes Schlagen erfolgen.

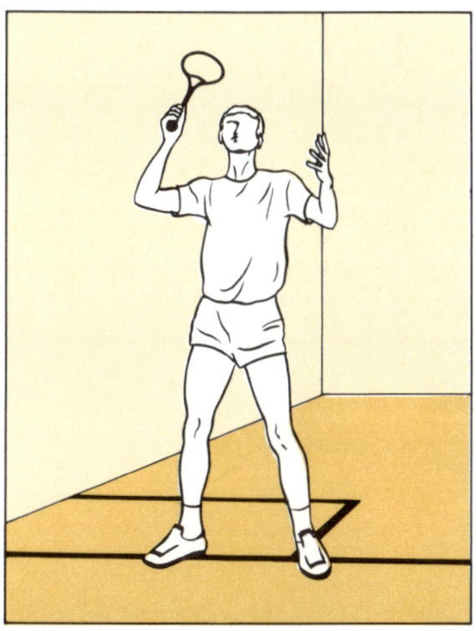

Aufschlag mit »Bratpfannengriff« und frontaler Körperstellung

○ Der Spieler wählt eine frontale Körperstellung und trifft den Ball vor dem Körper. Zu dieser Technik muß der Griff gewechselt werden (Bratpfannengriff), die Schlaggenauigkeit wird dadurch stark beeinträchtigt (Abb. oben).

Beim Schlagen und Treffen

○ Der Treffpunkt liegt zu weit hinter dem vorderen Fuß, dadurch wird die notwendige Schlägerbeschleunigung nicht erreicht und der Aufschlag wird zu kurz.
○ Der Schlägerkopf ist im Treffpunkt geschlossen, dadurch gelangt der Ball nicht oberhalb der Aufschlaglinie an die Frontwand.

Beim Ausschwingen

○ Nach dem Schlag bleibt der Spieler im Aufschlagviereck stehen. Er gerät unter Druck, da dadurch die Laufwege zu den Schlagpositionen in der gegenüberliegenden Courthälfte deutlich länger werden als von der T-Position aus.

Flugwege beim Lob-Aufschlag aus günstiger und ungünstiger Schlagstellung

Lob-Aufschlag

Ziel eines Lob-Aufschlages ist es, eine so hohe und steile Flugkurve des Balles zu erreichen, daß dieser erst ganz hinten im Court, nahe der Seiten- und Rückwand, für den Spielpartner erreichbar wird.
Gleichzeitig besteht das Risiko eines Lob-Aufschlages hauptsächlich darin, daß er oberhalb der gegenüberliegenden Seitenauslinie landet.
Deshalb sollte für den Lob-Aufschlag eine möglichst nahe der Seitenwand gelegene Position im Bereich des Aufschlagvierecks gewählt werden, zumal der lange Flugweg des Balles eine rechtzeitige Orientierung zur T-Position trotz der bei einer solchen Schlagstellung erforderlichen, halben Körperdrehung zuläßt.

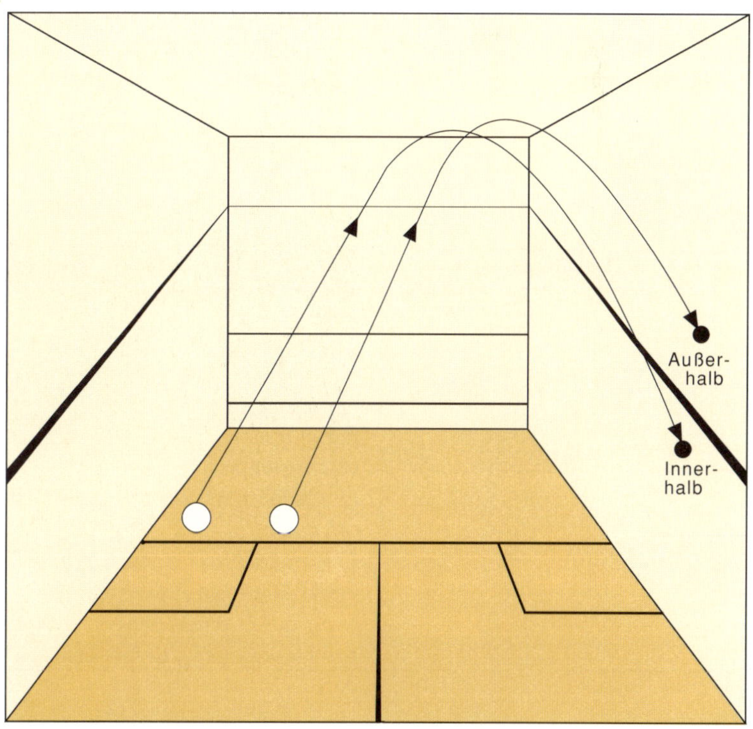

Obere Bildreihe: Lob-Aufschlag von rechts mit der Vorhand
Untere Bildreihe: Lob-Aufschlag von links mit der Rückhand

Schlagvorbereitung (1–2): Fast frontale Stellung zur Stirnwand. Anwerfen des Balles vor dem Körper und den Schläger nach rückwärts unten führen.

1 2 3 4 5

10 9 8 7

Lob-Aufschlag

Was der Spieler tun muß, um seine taktischen Absichten zu verwirklichen

Wichtig beim Schlagen

○ Zu Beginn der Schlagbewegung wird der Schlägerkopf weit abgesenkt, damit er zum Treffpunkt hin steil nach oben geführt werden kann.
○ Gleichzeitig werden die Beine gebeugt.
○ Unmittelbar vor dem Treffpunkt kann die Aufwärtsbewegung durch einen aktiven Einsatz des Handgelenks unterstützt werden.

Wichtig beim Treffen

○ Der Ball wird deutlich vor dem Körper getroffen.
○ Der Ball wird mit einer steilen Aufwärtsbewegung des Schlägers und geringer Schlaghärte hoch an die Frontwand gespielt.
○ Die Aufwärtsbewegung wird durch ein Strecken der Beine unterstützt.

Schlagen und Treffen (3–7): Den Schlägerkopf steil vorwärts-aufwärts zum Treffpunkt hin beschleunigen, Treffen vor dem Körper.

Ausschwingen (8–10): Ausschwung bis Überkopfhöhe, Strecken der Beine und sich sofort zu T-Position hin orientieren.

6 7 8 9 10

6 5 4 3 2 1

Wichtig bei der Schlagvorbereitung

○ Der Spieler steht in der Schlagstellung fast frontal zur Stirnwand.
○ Die Ausholbewegung wird gegenüber dem harten Aufschlag etwas verkürzt.
○ Der Ball wird mit genügend großem Abstand vor dem Körper mit fast gestrecktem Arm angeworfen.
○ Beim Rückhand-Aufschlag befindet sich die Schlaghand über der den Ball anwerfenden Hand.

Wichtig beim Ausschwingen

○ Die Ausschwungbewegung wird bis Überkopfhöhe weiter geführt.
○ Beim Ausschwung sind die Beine fast vollständig gestreckt.
○ Gleichzeitig mit der Ausschwungbewegung beginnt, eingeleitet durch eine halbe Körperdrehung, die Laufbewegung zur T-Position.

Schlagtechniken

Individuelle Abweichungen auf hohem Spielniveau

Bei der Schlagvorbereitung

○ Die Schlagstellung zum Lob-Aufschlag (Position im Aufschlagviereck, Orientierung im Raum) ist bei einzelnen Spielern sehr unterschiedlich.
○ Die Ausholbewegung wird oft sehr stark verkürzt.

Beim Schlagen und Treffen

○ Einige Spieler erreichen die Aufwärtsbewegung des Schlägers fast ausschließlich durch einen aktiven Handgelenkseinsatz.
○ Einige Spieler verlagern den Treffpunkt etwas seitlich zum Körper.

Beim Ausschwingen

○ Bei einem starken Handgelenkseinsatz in der Schlagphase ist oft ein verkürzter Ausschwung zu beobachten.

Häufig auftretende Fehler

Bei der Schlagvorbereitung

○ Der Ball wird zu nahe am Körper angeworfen, dadurch kommt der Spieler mit dem Schläger nicht richtig unter den Ball.
○ Die Schlagstellung ist zu weit zur gegenüberliegenden Seitenwand orientiert. In diesem Fall geht der Ball zu früh an die gegenüberliegende Courtwand – ein solcher Aufschlag ist leicht anzunehmen – oder auf dieser Seite ins Aus.

Beim Schlagen und Treffen

○ Die Beine werden zu Beginn der Schlagphase nicht gebeugt. Dadurch kommt der Spieler mit dem Schläger nicht genügend unter den Ball.
○ Im Treffpunkt hat der Schläger nicht genügend vertikale, dafür zu starke horizontale Bewegungsanteile. In diesem Fall erreicht der Ball nicht die gewünschte Flughöhe.
○ Der Ball wird zu hart geschlagen und er geht ins Aus.

Beim Ausschwingen

○ Die Schlagbewegung wird zu früh abgebrochen. Dadurch erreicht der Ball die gewünschte Flughöhe nicht.
○ Der Spieler nimmt nach dem Aufschlag nicht sofort die T-Position ein. Er gerät unter Druck, da die Laufwege zu den Schlagpositionen in der gegenüberliegenden Courthälfte deutlich länger sind als von der T-Position aus.

Aufschlag-Varianten

Taktische Absichten, die mit den Aufschlag-Varianten verwirklicht werden sollen

○ Der Gegner soll sich nicht auf einen bestimmten Aufschlag einstellen können.
○ Der Gegner soll überrascht werden, so daß er durch schnelle Ausweichbewegungen oder Veränderungen seiner Schlagposition zu einem ungenauen Rückschlag verleitet wird.
○ In besonders günstigen Fällen kann mit den Aufschlag-Varianten ein direkter Punkt erzielt werden.

Schlagtechniken

Aufschlag auf den Körper

Mit diesem Aufschlag soll entweder der Gegner getroffen werden (direkter Punktgewinn) oder zu einer schnellen und unkontrollierten Ausweichbewegung gezwungen werden.

Was der Spieler tun muß, um seine taktischen Absichten zu verwirklichen

○ Die Technik dieses Aufschlags entspricht der des harten Aufschlags.
○ Der Winkel an der Frontwand wird so spitz gewählt, daß der Ball ohne Seitenwandberührung direkt auf den Gegner zufliegt.
○ Der Aufschlag wird ganz knapp über die Aufschlaglinie und sehr hart geschlagen, um dem Gegner möglichst wenig Reaktionszeit zu lassen.
○ Als weitere Variante kann der Aufschlag auch über die Seitenwand auf den Körper des Gegners gespielt werden. In diesem Fall muß der Ein- und Ausfallwinkel über die Seitenwand möglichst stumpf gewählt werden, z. B. indem von der rechten Seite mit der Vorhand aufgeschlagen wird.

Aufschlag in den Rücken

Durch diesen Aufschlag soll der Gegner überrascht und zu einer Drehung um die Körperlängsachse gezwungen werden. Dadurch verliert er für einen Moment den Ball aus dem Blickfeld und wird so evtl. zu einem unkontrollierten Rückschlag verleitet. Die Technik kann vor allem dann erfolgversprechend eingesetzt werden, wenn der Gegner eine ausgeprägte seitliche Erwartungshaltung einnimmt.

Was der Spieler tun muß, um seine taktischen Absichten zu verwirklichen

○ Die Technik dieses Aufschlags entspricht der des harten Aufschlags.
○ Der Winkel an der Frontwand wird so spitz gewählt, daß der Ball ohne Seitenwandberührung in den Rücken des Gegners fliegt.
○ Wird der Aufschlag sehr hart ausgeführt, so soll er die Rückwand vor der ersten Bodenberührung erreichen. Ein so gespielter Ball fliegt weit in das Feld zurück, und der Rückschläger muß ihm unter Umständen »nachlaufen«, um ihn zurückzuspielen.
○ Ein weniger hart gespielter Aufschlag sollte erst nach der ersten Bodenberührung die Rückwand erreichen und von dort so wenig wie möglich ins Feld zurückspringen. Der Rückschläger kann dann in Schwierigkeiten geraten, den Ball mit guter Länge zurückzuspielen.

Skrew-Aufschlag

Die taktische Grundidee dieser Aufschlagvariante entspricht der des Lob-Aufschlages. Zusätzlich soll der Gegner dadurch überrascht werden, daß der Ball aus einer anderen Richtung auf ihn zukommt, als sonst beim Aufschlag üblich. So muß er seine Stellung zum Ball ändern, und es bleibt ihm weniger Zeit zu einem präzisen Rückschlag.

Was der Spieler tun muß, um seine taktischen Absichten zu verwirklichen

○ Die technische Ausführung dieses Aufschlages entspricht der des Skrew-Balles (vergleiche S. 58).
○ Die Schlagstellung sollte vom Spieler möglichst weit vorne im Aufschlagbereich gewählt werden, da sonst die gewünschte Flughöhe des Balles nur schwer erreicht werden kann.
○ Der Ball sollte so hoch angeworfen werden, daß genügend Raum und Zeit bleibt, um mit dem Schläger eine stark nach oben gerichtete kräftige Schlagbewegung auszuführen.

Schlagtechniken

Rückschlag (Aufschlag-Return)

Ebenso wie dem Aufschlag kommt auch dem Rückschlag besondere Bedeutung zu. Mit ihm wird der weitere Spielverlauf oft schon nachhaltig bestimmt.

Taktische Absichten, die mit dem Return verwirklicht werden sollen

○ Auf alle Fälle soll der Ball mit dem Return im Spiel gehalten werden.
○ Darüber hinaus soll eine offene, wenn möglich sogar eine Angriffsituation für den Rückschläger entstehen.
○ Unter sehr günstigen Voraussetzungen (schlechter Aufschlag) kann mit dem Return ein direkter Punkt erzielt werden.

Was der Spieler tun muß, um seine taktischen Absichten zu verwirklichen

○ Die Grundposition zum Rückschlag wurde bereits beschrieben.
○ Die individuelle Position ist je nach Spielanlage (offensiv/defensiv) mehr nach vorne oder nach hinten bzw. sehr ausgeprägt seitlich oder mehr frontal ausgerichtet.
○ Als Rückschlag können fast alle bekannten Schlagtechniken angewendet werden. Empfehlenswert ist es jedoch,
- einen Volley zu spielen, da der Gegner weniger Zeit hat, sich vorzubereiten und in eine günstige Schlagstellung zu gelangen,
- einen (Volley-)Longline zu spielen, da der Gegner »bewegt« wird und wenig Möglichkeit zu einem Angriffschlag hat,
- Crosscourt-Bälle nur dann zu spielen, wenn der Gegner sich weit in die Spielfeldhälfte des Rückschlägers orientiert, da der Gegner sonst leicht einen Volley-Angriffsschlag anbringen kann,
- kurze Bälle (Stop oder Boast) nur selten zu spielen und nur dann, wenn sich der Gegner früh auf einen langen Ball eingestellt hat, da er sonst leicht in eine gute Angriffposition kommen kann,
- nicht immer den gleichen Rückschlag zu wählen, da der Gegner sich sonst gut darauf einstellen und dementsprechend seine Taktik vorausplanen kann.

Ein schlechter Aufschlag hat meist einen guten Return zur Folge – in diesem Fall einen kraftvoll gespielten Volley

Training und Wettkampf

Merkmale des Wettkampfspiels

Jeder Squash-Spieler, der Wettkämpfe bestreitet, hat eine Vorstellung von dem, was das Wettkampfspiel ausmacht und welche Anforderungen es an die Spieler stellt. Spieler, die über geringe Wettkampferfahrung verfügen, kommen zu einer anderen Einschätzung als Spieler mit langjähriger Trainings- und Wettkampfpraxis. Fragt man einen Weltklassespieler, so wird er Anforderungen nennen, denen ein Spieler auf mittlerem Leistungsniveau keine allzu große Bedeutung beimißt. Und dennoch: Bei allen Experten, seien es Spieler oder Trainer, findet man allerdings trotz aller Unterschiedlichkeit von Einschätzungen auch Gemeinsamkeiten vor. Bildet dieser gemeinsame Nenner nun die Grundlage für ein Anforderungsprofil des Squash-Spiels? Zum Teil trifft dies zu, denn das Erfahrungswissen von Trainern und Spielern gibt uns eine Reihe von Hinweisen über Anforderungen. Aber: wir müssen auch die Erkenntnisse der Trainingswissenschaft berücksichtigen. Zwar ist das Squash-Spiel trainingswissenschaftlich noch nicht so umfassend untersucht wie andere Sportarten; dennoch gibt es eine Fülle von Erkenntnissen zu einzelnen Leistungsfaktoren. Wenn also die Anforderungen des Squash-Spiels beschrieben werden sollen, müssen einerseits die Faktoren genannt werden, die in erster Linie dazu beitragen, daß eine Spielleistung erbracht wird und es müssen ihre Ausprägungen für die jeweils betrachtete Leistungsstufe beschrieben werden. Wir nennen diese Beschreibung Anforderungsprofil des Squash-Spiels. Die Güte eines Anforderungsprofils ist davon abhängig, wie objektiv und präzise die tatsächlichen Spielanforderungen auf einer bestimmten Leistungsstufe erfaßt und beschrieben werden. Voraussetzung ist eine genaue Vorstellung vom Squash-Spiel, die im folgenden entwickelt werden soll: Squash ist ein Rückschlagspiel, gespielt von zwei Spielern auf einem gemeinsamen Feld, das durch vier Wände begrenzt ist. Als Rückschlagspiel hat Squash zwei charakteristische Merkmale: jede Spielhandlung ist Verteidigung und Angriff zugleich, und Squash ist ein Spiel ohne Entlastung (ein ständiges 1–1; vergleiche hierzu Lemke / Meseck).
Spiele in der nationalen und internationalen Leistungsspitze dauern zwischen 60 und 150 Minuten, wobei der Anteil der effektiven Spielzeit (Spielzeit nach Abzug von Spielunterbrechungen) bis zu 85% betragen kann. Damit liegt Squash an der Spitze aller Spiele (zum Vergleich Tennis ca. 25% effektive Spielzeit). Bei einem zweistündigen Spiel zwischen Weltklassespielern mit 80% effektiver Spielzeit würde jeder Spieler nahezu 2000mal antreten, schlagen und abstoppen (alle 3 Sekunden eine Aktion). Dabei beträgt seine Gesamtlaufstrecke ca.
10,5 Kilometer, wenn man pro Schlag eine Wegstrecke von 5 bis 6 Meter ansetzt (von der T-Position zur Schlagposition und zurück). Diese Werte sind freilich Durchschnittswerte, d. h., in einem einzeln betrachteten Spiel sind Abweichungen nach oben und unten möglich.
Squash-Spielen ist somit einerseits durch eine sehr gleichmäßige Ausdauerbelastung gekennzeichnet, andererseits werden die Bewegungen unterschiedlich intensiv ausgeführt: Unter Druck muß ein Spieler häufig kurzfristig hochintensive (schnellkräftige) Bewegungen ausführen, während bei langen und langsameren Ballwechseln die Belastung nicht so hoch und sogar Erholung möglich ist.
Bei jedem Schlag müssen zudem Entscheidungen hinsichtlich des Ziels des zu spielenden Balles getroffen werden (wer im Wettkampf noch über Technik nachdenkt, hat schon verloren). Enttäuschung oder Freude über den Ausgang des Ballwechsels müssen verarbeitet, Aufmerksamkeit, Konzentration und Reaktionsfähigkeit über die gesamte Spieldauer möglichst konstant aufrechterhalten werden, taktische Konzepte bestätigt, Situationen angepaßt oder verworfen werden. Und schließlich sind da auch noch Gegenspieler, Schiedsrichter und die Zuschauer, die einen nicht unerheblichen Einfluß auf das Spielgeschehen ausüben können.
Um die Fülle der unterschiedlichen Anforderungen darzustellen, wollen wir ein Modell der Leistungsfähigkeit im Squash beschreiben, in dem die hauptsächlichen Leistungsfaktoren und ihre Ausprägungen systematisch und übersichtlich erfaßt sind.
In diesem Modell sind die durch die soziale Umwelt (Familie, Freundeskreis, Verein) vorgegebenen Bedingungen nicht berücksichtigt.

Training und Wettkampf

Leistungsfähigkeit im Squash

In dem folgenden Modell werden die wichtigsten Leistungsfaktoren für das Squash-Spiel abgebildet, daher kann es als Grundmodell bezeichnet werden. Genetische, reifungs- und umweltbedingte Voraussetzungen (konstitutionelle und dispositionelle) müssen von Spielern mitgebracht werden. Ein Squash-Spieler braucht z. B. ein hervorragendes Reaktionsvermögen auf akustische und optische Signale. Diese Fähigkeit ist bezüglich der Reizleitungen genetisch fixiert und durch Training kaum veränderbar. Ferner sind schwere und extrem große (über 2 Meter) bzw. kleine Spieler (unter 1,6 Meter) eher im Nachteil, da im Squash ein ausgewogenes Verhältnis von Reichweite und Bewegungsschnelligkeit vorteilhaft ist. Dispositionell bedingt sind Neugierverhalten und die Lust zu erproben und experimentieren. Diese Persönlichkeitseigenschaften werden erlernt, d. h., sie sind weitgehend von den in der Umwelt gesetzten Reizen abhängig. Es liegt nahe, daß die genannten Eigenschaften in großem Maß auf die Ausbildung von Spiel- und Wettkampffähigkeit einwirken (vergleiche MESECK/HERWIG).
Die hier dargestellten bekannten Leistungsfaktoren Kondition, Technik und Taktik werden ergänzt durch die Handlungssteuerung. Alle Leistungsfaktoren zusammen beeinflussen Spiel- und Wettkampffähigkeit, die allerdings auch durch alle anderen nicht squashspezifischen spielerischen und sportlichen Erfahrungen mit ausgeprägt werden.

Die sportliche Leistungsfähigkeit im Squash

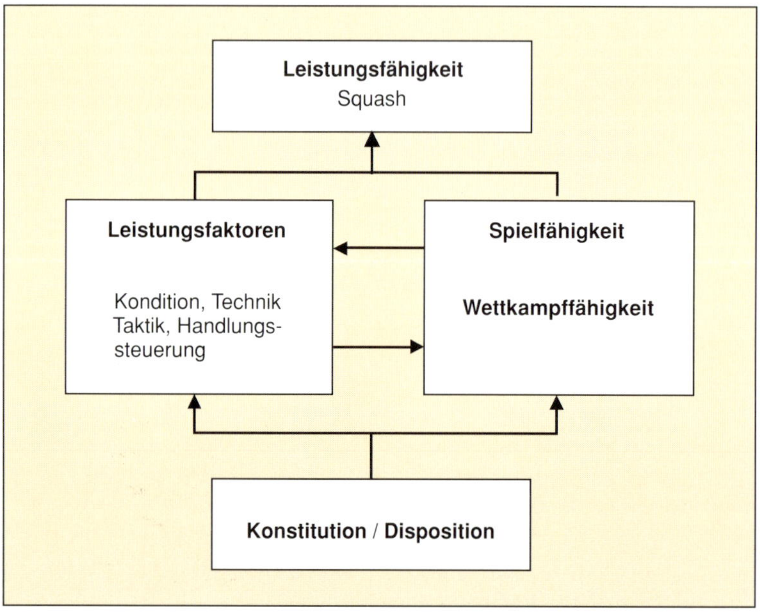

Spielfähigkeit und Wettkampffähigkeit

Mit Spielfähigkeit wird die Fähigkeit zum komplexen sportmotorischen Spiel bezeichnet (HAGEDORN 1985b, S. 357). Partner- und Rückschlagspiele wie Squash stellen ganz spezifische Anforderungen. Darin gehen Spielerfahrungen aus anderen Spielen ein, aber auch die weiter oben genannten Persönlichkeitsmerkmale.
Die spezielle Spielfähigkeit für Squash erfordert, das Spiel gemäß der Spielidee und Handlungsstruktur zu spielen. Dabei ist die Vorstellung, daß »nicht defensiv« gespielt wird, sondern daß das Spiel aktiv und offensiv gestaltet wird, von Bedeutung.
Wettkampffähigkeit ist die Fähigkeit zum konkurrierenden Wettkampf, was Umsetzung von Spielfähigkeit unter den besonderen Bedingungen des Wettkampfs beinhaltet. Squash ist ein Spiel ohne Entlastung, d. h., im Wettkampf wird der Spieler physisch und psychisch extrem gefordert, ohne Verantwortung übertragen zu können, wie es in Mannschaftsspielen möglich ist.
Dadurch werden die aus anderen Spielen bekannten psychischen Stress-Phänomene noch verstärkt. Wir alle kennen den Trainingsweltmeister, der im Wettkampf »versagt« oder den Spieler, der in unbedeutenden Wettkämpfen hervorragend spielt und optimale Leistungen erbringt, jedoch »wenn es um etwas geht« seine mögliche Spielleistung auch nicht annähernd erreicht. Im Squash ist sicher viel Erfahrung für die Ausbildung der Wettkampffähigkeit notwendig, aber es werden auch

Training und Wettkampf

hohe Anforderungen an die Handlungssteuerung gestellt, auf die später umfassender eingegangen wird.

Kondition

Einleitend wurde schon auf einige konditionelle Merkmale des Squash-Spiels hingewiesen. In diesem Abschnitt soll nun systematisch die Anforderungscharakteristik für die einzelnen konditionellen Faktoren entwickelt werden.
Der Faktor aerobe Ausdauer ist stark leistungsbegrenzend. Spieler oder Spielerinnen müssen so gut ausdauertrainiert sein, daß sie so spät wie möglich die aerob-anaerobe Schwelle erreichen oder überschreiten. Der anaerob-laktazide Bereich wird abhängig vom Trainingszustand dann erreicht, wenn ab einer bestimmten Intensität und Dauer der Belastung in der Muskulatur soviel Milchsäure produziert wird, daß der Spieler ermüdet und Bewegungs- und Denkfähigkeit beeinträchtigt werden. Dies geschieht vor allem dann, wenn Spieler ihr eigenes Spieltempo nicht ökonomisch einteilen, oder wenn der Druck des Gegners über einen Zeitraum so stark wird, daß Erholung während der Ballwechsel unmöglich wird bzw. die Zeit zwischen den Ballwechseln nicht mehr ausreicht. Belastungen auf diesem hohen Niveau können also nur kurzfristig durchgehalten werden. Zur Regeneration müßte ein Spieler nun relativ lange unter geringerer Belastung spielen. Ist eine Übersäuerung im Spiel nicht zu vermeiden, so sollte sie möglichst kurz gehalten werden.

Die kurzfristigen hochintensiven Belastungen beim Laufen und Schlagen werden durch anaerob-alaktazide Energiebereitstellung bewältigt. Hierbei wird durch hydrolytische Spaltung von ATP (Adenosintriphosphat) und KP (Kreatinphosphat) in der arbeitenden Muskulatur Energie freigesetzt (vergleiche STEGEMANN, S. 50).
Zusammenfassend kann gesagt werden, daß mit zunehmendem Zeitumfang von Spielen die Geschwindigkeit des Spiels nachläßt und daß ein Spieler seine Taktik in Abhängigkeit von seinen Ausdauer- und Regenerationsmöglichkeiten sowie der zu erwartenden Spieldauer bestimmen muß.
Die Arten der Energiebereitstellung in Anhängigkeit von Zeitdauer und Intensität der Belastung werden in der folgenden Abbildung dargestellt.

Schlagen und Laufen sollen möglichst ökonomisch sein.
Dafür benötigt ein Squashspieler Schnelligkeits- und Kraftausdauer. Schnelligkeitsausdauer bedeutet Bewegungen mit einer bestimmten Geschwindigkeit über den Zeitraum eines Spieles ausführen zu können. Kraftausdauer ist erforderlich für das ständige Starten und Abbremsen. Häufig sind jedoch schnellkräftige z. T. explosive Bewegungen notwendig, wie beim schnellen Starten zum Ball.
Messungen für das Squash-Spiel liegen noch nicht vor, Vergleichswerte aus dem Badminton, einem Spiel mit ähnlicher Belastungscharakteristik, ergeben Beschleunigungswerte, die Starts von 11,0-Sekunden-Sprintern entsprechen (vergleiche KOLLATH/BOCHOW/QUADE).

Aerobe und anaerobe Energiebereitstellung (nach WEINECK, 1985)

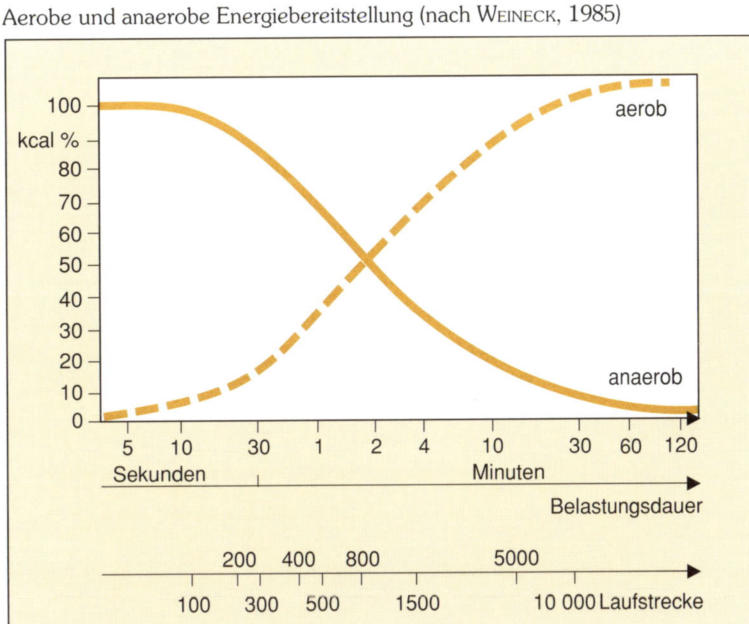

Training und Wettkampf

Charakteristisch für das Squash-Spiel sind gleichzeitige Anforderungen an Kraft und Schnelligkeit auf mittlerem Niveau und für die Ausdauer auf hohem Niveau.

Beweglichkeit ist erforderlich für den aktiven (Muskeln) und passiven (Knochen, Bänder, Sehnen) Bewegungsapparat. Sie erleichtert das richtige Ausführen der Techniken, erhöht die Bewegungsschnelligkeit und beugt Verletzungen vor. Mangelnde Beweglichkeit führt demnach zu unnötigen Verletzungsrisiken, Kraftaufwand und langsamerer Ausführung. Die Schlagtechniken erfordern Beweglichkeit besonders in Schulter, Rumpf und im Schlagarm. Für die Ausführung der Lauftechniken ist besonders die Dehnfähigkeit in den Beinen notwendig (Adduktoren und Abduktoren der unteren Extremitäten).
Beim Squash-Spiel müssen Bewegungen schnell, auf engem Raum und mit ständigen Richtungsänderungen ausgeführt werden. Die zeitliche Abstimmung (Timing) und die Balance beim Laufen und Schlagen erfordern ausgeprägte koordinative Fähigkeiten (vergleiche unter allgemeinen Aspekten HARRE).

Im Squash sind das besonders
○ Orientierungsfähigkeit, um die Bewegungen im Court in Abhängigkeit von Gegner und Ball kontrollieren zu können,
○ Koppelungsfähigkeit, zur Koordinierung von Teilkörperbewegungen zu einer Ganzkörperbewegung (laufen und schlagen),

Häuptsächliche Anforderungen im Squash				
Ausdauer	Kraft	Schnelligkeit	Beweglichkeit	Koordination
Aerob	Kraftausdauer	Grundschnelligkeit	Schulter	Orientierungsfähigkeit
Anaerob-alaktazid	Explosivkraft	Schnelligkeitsausdauer	Rumpf	Koppelungsfähigkeit
Anaerob-laktazid			Extremitäten (Arme, Beine)	Gleichgewichtsfähigkeit Reaktionsfähigkeit Umstellungsfähigkeit

Konditionelle Anforderungen im Squash

○ Gleichgewichtsfähigkeit, um bei schnellen Lageveränderungen des Körpers (schnelle Antritte) das dynamische Gleichgewicht zu halten,
○ Reaktionsfähigkeit, um Bewegungen möglichst zweckmäßig auszuführen. D. h. nicht nur maximale Reaktionsfähigkeit, sondern auch das der Antizipation entsprechende »Timing« von Bewegungen,
○ Umstellungsfähigkeit, um Bewegungsabläufe kurzfristig umstellen zu können (z. B. bei Täuschungen).

Technik

In diesem Lehrbuch wurde die Technik immer im Zusammenhang von Situationen und Aufgaben betrachtet. Technik hat keinen Selbstzweck und wird in diesem Buch auch nicht als idealtypischer Bewegungsablauf verstanden, sondern als Ergebnis von Erfahrungen, Beobachtungen, Verbesserungen bei dem Bewegungsabläufe abhängig von Entwicklungen der Geräte (Schläger, Bälle), Ausrüstung (Schuhe), Anlagen (Courts) und Regeln angepaßt werden. Zwar gibt es objektivierbare bewegungstheoretische Informationen über die sportliche Technik im Squash, wie sie im Rahmen der Haupt- und Nebenaktionen der Schläge dargestellt wurde, aber es sind zahlreiche Abweichungen zulässig. Technik findet darüber hinaus immer auch ihre individuelle Ausprägung! Zur Vertiefung dieser Thematik kann das Buch von Jahangir Khan (»Winning Squash«) empfohlen werden, der auf die voneinander abweichenden Technikstile von Weltklassespielern eingeht.
Kennzeichnend für die Squash-Technik (dies gilt auch für andere Rückschlagspiele) ist das Treffen des Balles mit einem Spielgerät in Verbindung mit Lauftechniken, die es ermöglichen, einen Wechsel zwischen Ausgangsstellung und Schlagstellung zu vollziehen. Die Lauftechnik dient aber auch dazu, die eigenen Absichten zu verdecken (zwischen Ball und Gegner stehen) und das regelgerechte Ausweichen im gemeinsamen Spielfeld zu ermöglichen. Abschließend soll hier noch auf eine Entwicklung eingegangen werden, die sich in bezug auf die

Technik im Squash immer stärker abzeichnet. Aus Gründen der schnelleren Schlagbereitschaft werden zunehmend verkürzte Schwünge gespielt, bei denen keine ausgeprägte Aushol- und Ausschwungbewegung vorhanden sind. Diese Entwicklung wird begünstigt durch die neuen Schlägermaterialien (vergleiche S. 9).

Rechts: Jahangir Khan und Jansher Khan im Kampf um die T-Position

Taktische Grundregeln und taktische Mittel

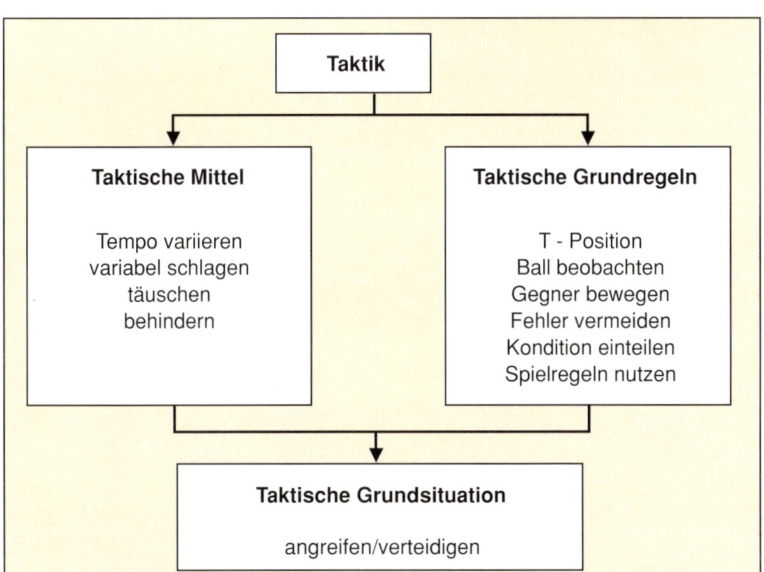

Taktik

Wenn die taktischen Anforderungen des Squash-Spiels beschrieben werden sollen, so sind zunächst die taktischen Grundregeln zu berücksichtigen.
Diese Grundregeln gelten immer, d. h. unabhängig von den situativen Anforderungen und taktischen Grundsituationen im Spiel.
Die taktischen Mittel sind so einzusetzen, daß eine bestimmte Spiel-Strategie optimal verwirklicht werden kann. Das kann auch bedeuten, daß auf bestimmte Mittel verzichtet wird (z. B. statt Tempo variieren, ein konstant

hohes Tempo halten, wenn der Gegner dadurch stark unter Druck gesetzt wird). Die Anwendung und Auslegung von taktischen Grundregeln gewährleistet jedoch nicht unbedingt, daß das eigene Spiel erfolgreich gestaltet werden kann. So nützt der einfache Taktik-Grundsatz »Fehler vermeiden – keinen Ball tief schlagen« wenig, wenn damit nicht gleichzeitig verhindert werden kann, daß der Gegenspieler einen gewinnbringenden Punkt machen kann. Über das Befolgen taktischer Grundregeln hinaus, muß ein Spieler seine taktischen Absichten eben sehr konkret umsetzen. Dabei greift er auf unterschiedliche taktische Mittel zurück, die im Zusammenhang seines taktischen Konzepts zur Anwendung kommen müssen.

Aus der Handlungsstruktur des Squash-Spiels (Be- bzw. Verhinderung der gegnerischen Zielhandlung; Realisierung der eigenen Zielhandlung) ergeben sich taktische Grundsituationen, die für einen Spieler unterschiedliche Anforderungen und Möglichkeiten beinhalten. Ausgangspunkt aller Überlegungen ist dabei immer die Tatsache, daß beim Squash Angriff und Verteidigung in einem Schlag zusammenfallen. Darüber hinaus kann ein Spieler immer nur in Abhängigkeit vom gegnerischen Spiel agieren und die Art der situativen Voraussetzungen (durch ihn selbst oder den Gegner verursacht) entscheidet darüber, ob eine für ihn eher günstige (offensive) oder ungünstige (defensive) Situation zustande kommt. D. h., daß der einzelne Schlag immer in bezug auf die vorhergehende und nachfolgende Situation zu bewerten ist.

Wir wollen uns bei der Darstellung der taktischen Grundsituationen auf den Normalfall im Spiel (Spanne von großem Vorteil bis großem Nachteil) konzentrieren und alle Ausnahmen (spielen unter besonderen taktischen Varianten wie »Ball halten«; hohes Risiko) und Zufälle (Glücksschläge ins Nick, Rahmen usw.) unberücksichtigt lassen, denn darauf kann man ein Spiel nicht planmäßig aufbauen. Systematisiert ergeben sich fünf voneinander zu unterscheidende taktische Grundsituationen, die in der folgenden Übersicht dargestellt sind.

Taktische Grundsituationen im Squash

Taktische Grundsituationen und ihre Bedingungen im Squash

	Grundsituation	Bedingungen
Angriff	1 Punkt machen	günstige Schlagposition (Gegner hat Ball schlecht gespielt), Gegner steht schlecht
	2 Punkt vorbreiten	T - Position kontrollieren, Gegner bewegen, auf schwachen Ball warten (siehe 1)
	3 taktisch günstige Position gewinnen; ungünstige vermeiden	T - Position erobern, Gegner aus dem T treiben, ohne Risiko spielen
	4 gegnerischen Druck vermeiden	Tempo aus dem Spiel nehmen (Zeit gewinnen), Gegner aus dem T treiben
Verteidigung	5 gegnerischen Punkt verhindern	verstärkte Laufarbeit, Zeit gewinnen

Training und Wettkampf

Die taktischen Grundsituationen im Squash sind aus der grundlegenden Handlungsstruktur der Rückschlagspiele abgeleitet. Ausgangspunkt ist die Überlegung, daß Angriff und Verteidigung in einer Spielhandlung zusammenfallen. Betrachtet man jedoch ein Spiel, so ist festzustellen, daß fast jede Situation mit einem mehr oder weniger großen Vorteil für einen der Spieler verbunden ist. Diesen Vorteil herauszuspielen und mögliche Nachteile zu verhindern, bedeutet die Spielidee optimal zu verwirklichen. Allerdings, und das ist im Squash besonders deutlich zu sehen, der »Vorteil« ist ein flüchtiger Zustand, der schon bei nur geringfügigem Nachlassen in der Präzision und taktisch falscher Verwendung von Schlägen einem ebenso großen Nachteil weichen wird.
All das, was bisher über Taktik hier geschrieben wurde, reicht noch nicht aus, um das eigene Leistungspotential optimal im Wettkampf umsetzen zu können. Dazu müssen alle Prozesse, die das Spielhandeln bestimmen, aufeinander abgestimmt werden. Wie diese Steuerung des Spielverhaltens abläuft und zu erklären ist, soll in dem folgenden Abschnitt genauer dargestellt werden.

Handlungssteuerung

Um erklären zu können, was unter Handlungssteuerung zu verstehen ist, soll zuvor an einem Beispiel verdeutlicht werden, wie die später beschriebenen Prozesse im Wettkampfspiel ablaufen.
Es gibt für jeden Squash-Spieler bessere und schlechtere Tage. Mal gelingt alles, mal überhaupt nichts. Jeder Spieler, der Wettkämpfe bestritten hat, kennt die Ohnmacht angesichts einer sich abzeichnenden Niederlage. Schicksal!? Nun, für alles gibt es Gründe. Squash ist ein Spiel 1 gegen 1, somit »entscheiden« beide Spieler über Sieg und Niederlage. Ist ein Gegner einfach in jeder Beziehung (konditionell, technisch, taktisch) besser, läßt sich eine Niederlage rasch und unkompliziert erklären. Von Spielern, die man kennt, kann deren Leistungsniveau eingeschätzt werden. Ohne falsche Bescheidenheit oder Überheblichkeit lassen sich unter normalen Bedingungen bestimmte Ergebnisse vorhersagen, wenn zwei Spieler auf unterschiedlichem Leistungsniveau spielen. Wer dennoch als Neuling mit 1– oder 2jähriger Spielpraxis mit sich hadert, weil er gegen einen Bundesliga-Spieler verloren hat, der nimmt eine falsche Selbsteinschätzung hinsichtlich seiner Leistungsmöglichkeiten vor.
Zwar gibt es in jedem Spiel zufällige, nicht planbare Ereignisse, aber sie dominieren nicht. Deshalb ist die Kenntnis der allgemein gültigen Strukturen, nach denen ein Spiel abläuft, notwendig, um daraus eine realistische Selbsteinschätzung des eigenen und gegnerischen Leistungsvermögens abzuleiten. Das ist die unabdingbare Voraussetzung, um optimales Wettkampf-Squash zu spielen.
Stellen wir uns ein Spiel vor, in dem zwei ungefähr gleichstarke Spieler aufeinandertreffen und die Ungewißheit über den Spielausgang groß ist. Beide Spieler sind hochmotiviert und wollen gewinnen. Das Spiel beginnt und der eine Spieler (im folgenden Spieler A) spielt nach eigenem Empfinden gut mit (spielt im Rahmen der eigenen Möglichkeiten), aber Spieler B macht die Punkte. Spieler A ist ratlos, denn er kann keine entscheidenden Fehler bei sich bzw. Vorteile beim anderen entdecken. Spieler A wird nervös und unsicher, weil er das Spiel nicht kontrolliert und sein Ziel (Gewinn des Spiels) in Gefahr sieht. Die innere Anspannung erlaubt keine klare Analyse, und so versucht es Spieler A mit der Brechstange. Er erhöht Tempo und Risiko seines Spiels und entscheidet sich damit in dieser Situation für das Falsche. Er schafft damit die eigentlichen Voraussetzungen für seine Niederlage. A macht zwar einige Punkte, aber gleichzeitig auch mehr Fehler. Er spielt Vorteile nicht aus, weil er zu früh den Punkt machen will und verunsichert sich dadurch noch stärker; sein Spiel zerfällt in Einzelaktionen. Das Resultat: eine Niederlage, ein Mißerfolgserlebnis und die traurige Gewißheit, nicht zu wissen, woran es lag (viele Spieler wissen es natürlich trotzdem: an allen anderen, nur nicht an sich selbst).
In dem gegebenen Beispiel hat es Spieler A nicht verstanden, seine Möglichkeiten so einzusetzen, daß er den Wettkampf optimal gestalten konnte. Eine erfolgreiche Handlungssteuerung wurde zunächst dadurch beeinträchtigt, daß er keine klare Analyse des Spiels vornehmen konnte. Anschließend reagierte er stark emotional und ergriff »die Flucht nach vorn«, indem er mit zu hohem Risiko spielte.

Training und Wettkampf

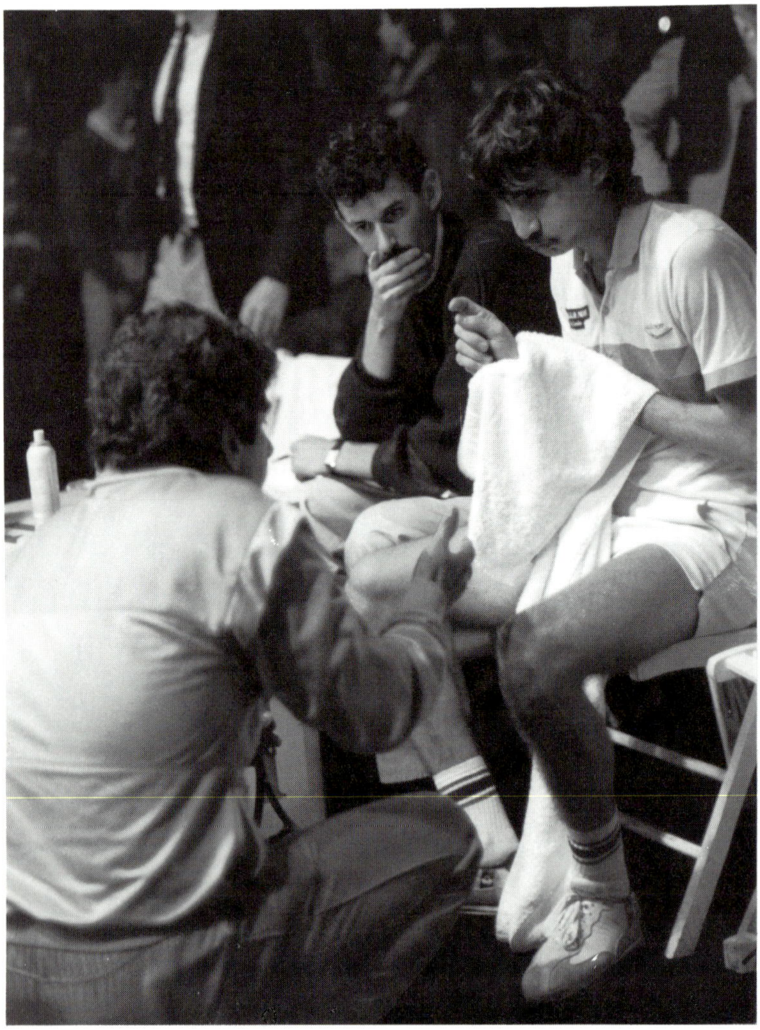

Jansher Khan (Weltmeister 1987) in einer Satzpause. Konzentriert hört er der Spielanalyse seines Trainers zu

Um zu verdeutlichen, welche Prozesse bei der Handlungssteuerung ablaufen, und wie sie aufeinander abgestimmt werden müssen, soll nun ein Modell beschrieben werden, in dem die Steuerungseinheiten dargestellt sind.
Am Anfang steht – aus leistungssportlicher Perspektive – die Aufgabe, einen Wettkampf zu bestreiten. Wenn ein Spieler im vorbereitenden Training und im nachfolgenden Wettkampf erfolgreich sein will, muß er über eine ausgeprägte Leistungsmotivation verfügen. Ohne Leistungsmotivation wären die Leistungen, die ein Spieler in Training und Wettkampf zeigt, auf Dauer nicht zu realisieren. Hat ein Spieler in erster Linie andere Gründe für sein Squash-Spiel (Spaß haben; ästhetisch spielen; Leute kennenlernen; sich fit halten), sind hohe Leistungserwartungen eher untergeordnet. Wichtig ist das Wissen, welches Motiv dominiert und welche Motive untergeordnet sind. Motive sind hier zu verstehen als langfristig aufgebaute und wirksame Wertvorstellungen, die über Motivationsprozesse wirksam werden (HECKHAUSEN).
Voraussetzung für Motivationsprozesse im Squash ist zunächst immer die physiologische Aktivierung. Dazu gehört neben dem Aufwärmen vor dem Wettkampf auch rechtzeitiges Wachsein.
Wer eine Stunde vor dem Wettkampf noch geschlafen hat, wird im Court keine Höchstleistung erreichen.
In der Wettkampfsituation muß ein Spieler zuerst die für ihn wichtigen Signale wahrnehmen. Nicht alles, was ein Spieler visuell und akustisch wahrnehmen kann, ist von Bedeutung: er muß Informationen selektieren. Dies erfordert konzentrierte Aufmerksamkeit, damit die Wahrnehmung begrenzt und auf das Wesentliche gerichtet werden kann (GABLER 1986a, S. 48).
Das modische Design des T-Shirt, das der Gegner trägt, ist sicher unwichtig. Entscheidend ist, was mit dem Ball passiert. Da nur ein Bruchteil des Gesichtsfeldes vom menschlichen Auge scharf abgebildet wird, muß der Spieler zentral den kleinen und schnell fliegenden Ball beobachten.
Seine Wahrnehmung ist also im Wesentlichen auf eine Informationsquelle ausgerichtet. Dies gilt besonders für den Zeitpunkt, an dem der Gegenspieler den Ball trifft. Alle anderen visuellen Signale (Gegner, Court, Umgebung) sollen soweit wie möglich peripher (am Rande)

wahrgenommen werden. Von dieser Regel, den Ball zentral zu beobachten, gibt es Ausnahmen. Langsam fliegende, in ihrer Flugbahn genau zu berechnende Bälle, erlauben einen Wechsel in der Zentrierung visueller Wahrnehmung. Kann ein Spieler den Ball zudem frühzeitig erreichen, verbleibt ihm Zeit, den Gegner zu beobachten und damit zusätzliche Informationen zu erhalten.

Die Wahrnehmung der akustischen Signale beim Kontakt zwischen Schläger und Ball, Ball und Wand sowie durch den Gegenspieler, ergänzen den Wahrnehmungsprozess. Diese Informationen werden ständig aufgenommen, da mit ihrer Hilfe das Ballflugverhalten zusätzlich interpretiert werden kann. Schnell gespielte Bälle werden hoch beschleunigt und erzeugen beim Schlägerkontakt andere Geräusche als Bälle, bei denen die Geschwindigkeit verringert wird. Da die menschliche Reaktion auf akustische Signale deutlich schneller als auf visuelle erfolgt, kommen PÖPPEL/PÖPPEL zu der Auffassung, daß die akustischen Signale für Squash-Spieler bedeutsamer sind als die visuellen. Dieser Auffassung folgen wir nicht, da in Laborexperimenten ermittelte Befunde nicht unbedingt Gültigkeit für Spielsituationen in der Praxis beanspruchen können. Die Trennung von akustischer und visueller Wahrnehmung wird im Spiel ohnehin kaum stattfinden, vielmehr ergänzen sich beide Möglichkeiten.

Von den gerade erwähnten Beispielen, die der Fremdwahrnehmung (Ball, Gegner, Court, Umgebung) dienen, wird die Wahrnehmung der Eigenbewegung unterschieden. Zeit, Raum, Lage- und Spannungszustände werden über bewegungsempfindsame Rezeptoren in Haut, Muskeln, Sehnen, Gelenken und dem Gleichgewichtsorgan des Ohrs hergestellt. Diese Wahrnehmung wird als kinästethische Wahrnehmung bezeichnet. Die visuelle Wahrnehmung dient also der Wahrnehmung von Eigen- und Fremdbewegungen.

Im Gegensatz zur zentralen Wahrnehmung, bei der die Aufmerksamkeit auf eine Informationsquelle gerichtet wird, steht die Wahrnehmung bei der gleichzeitig aus mehreren Quellen Information aufgenommen wird. Ein Spieler kann z. B. gleichzeitig durch Berührungskontakt (taktile Wahrnehmung) mit dem Gegenspieler und Beobachten des Balles Informationen gewinnen und darauf aufbauend eine Entscheidung treffen (z. B. ein Let fordern).

Zusammenfassend kann gesagt werden, daß die Wahrnehmung im Squash auf unterschiedliche Informationsquellen gerichtet ist, wobei dem Beobachten des Balles eine besondere Bedeutung zukommt.

Es ist anzunehmen, daß jeder geübte Squash-Spieler seine Wahrnehmung in der beschriebenen Weise ausrichtet. Worin liegen aber die Unterschiede in der Wahrnehmung bei durchschnittlichen Spielern und denen der Weltspitze? Bedeutend ist neben kürzeren Reaktionszeiten vor allem das Aufrechterhalten einer hohen Wahrnehmungsleistung über die Gesamtdauer eines Spiels. Um diese Leistung herzustellen, sind konstante Aufmerksamkeit, Konzentration und Reaktionsfähigkeit notwendig. Auf die Denkprozesse wird an dieser Stelle nicht detailliert eingegangen, da sie im Zusammenhang mit dem taktischen Denken dargestellt wurden.

Das Zusammenspiel von Wahrnehmung und kognitiven Fähigkeiten ermöglicht schließlich auch die Antizipation, d. h. die gedankliche Vorwegnahme gegnerischer Bewegungen, die bei der Bewegungsvorstellung die folgenden Eigenbewegungen berücksichtigt (vergleiche RITZDORF, S. 206). Spieler, die gut antizipieren, erkennen zu einem frühen Zeitpunkt die Absicht des Gegners und können die bestmögliche »Antwort« vorausplanen. Die Antizipationsfähigkeit in Abhängigkeit von konstant hoher Wahrnehmungsleistung und der Umsetzung von taktischem Wissen aufrechtzuerhalten, macht einen entscheidenden Vorteil von leistungsstärkeren Spielern aus. PÖPPEL/PÖPPEL weisen im Zusammenhang von Wahrnehmungsleistungen darauf hin, daß z. B. Geoff Hunt, der Ausnahmespieler der 70iger Jahre, sich bei Labortests von anderen Weltklassespielern besonders dadurch unterschied, daß seine Reaktionskonstanz deutlich über den Werten anderer Spieler lag. Daß diese Fähigkeit auch von einem exzellenten Trainingszustand abhängig ist, sei hier nur am Rande vermerkt.

Die Schwierigkeit im Wettkampf liegt demnach im Aufrechterhalten einer hohen Wahrnehmungsleistung über die Dauer eines Spiels, in dem die Anforderunger an die Wahrnehmung variieren,

kopieren, garantiert keineswegs in einigen Jahren selbst Weltmeister zu werden. Dennoch lassen sich aus Erfahrungen Regeln und Grundsätze ableiten, die übertragbar sind. Dies setzt allerdings voraus, daß die Trainingsgrundlagen des Squash-Spiels systematisch ermittelt werden.
Neben der Trainings- und Wettkampferfahrung sind die Ergebnisse wissenschaftlicher Untersuchungen das zweite Standbein auf dem ein Trainer stehen muß, denn hier werden Daten geliefert, die über den Einzelfall hinaus helfen, die Trainings- und Wettkampfstrukturen des Squash-Spiels zu erkennen. Zu warnen ist allerdings vor unreflektierter Übertragung auf die Trainingspraxis, denn jeder Spieler, der einen hohen Leistungsstand erreicht hat, wird entsprechend seinen Stärken und Schwächen sehr individuell zu trainieren sein. Dabei sind auch die Ziele des Spielers zu berücksichtigen und seine Trainingsbedingungen. Notwendig sind darüber hinaus Kenntnisse, die aus den Bereichen der allgemeinen Trainingslehre und ihren Spezialgebieten (z. B. dem Ausdauer- oder Schnelligkeitstraining) abgeleitet werden können.

Zusammenfassend kann gesagt werden, daß eine squashspezifische Trainings- und Wettkampflehre auf Erfahrungswissen und wissenschaftliche Untersuchungen zurückgreifen muß, und Erkenntnisse aus beiden Zugangsweisen zur Analyse des Spiels sinnvoll zu integrieren hat. Einige der grundlegenden Aspekte von Training und Wettkampf sollen im folgenden vorgestellt werden.

Training als ganzheitlicher Prozeß

Bevor auf Trainingsplanung und -periodisierung sowie Trainingsstufen und -methodik eingegangen wird, soll ein weiterer grundlegender Gesichtspunkt von Training – der leider viel zu häufig vernachlässigt wird – beschrieben werden: Wir hören von Zeit zu Zeit immer wieder von der Wichtigkeit bestimmter Trainingsinhalte und -formen. Es fallen Reizworte wie »Krafttraining« oder »psychologisches Wettkampftraining». In der nächsten Saison ist dann auf einmal das »Stretching« der Grundstein zum Erfolg im Wettkampf. Aber, Moden kommen, Moden gehen und in der Regel bleiben die alten Probleme mit dem eigenen Spiel. Dennoch hält der Glaube an das nächste Wundermittel ungebrochen an. Was wird hier falsch gemacht? Ist es unreflektierter Fortschrittsglaube, magisches Denken oder psychische Verstärkung (ich mache etwas, das der andere nicht macht und deshalb bin ich im Gegensatz zu ihm optimal vorbereitet)? Die Antwort mag jeder für sich geben. Im Training sind die angesprochenen Trainingsformen und Hilfen ja in der Tat geeignet, bei sinnvoller Anwendung leistungsfördernd wirken zu können. Wie wird das möglich? Bleiben wir bei einem der genannten Beispiele, dem Krafttraining, um daran deutlich zu machen, welche Auswirkungen isoliert durchgeführte Trainingsmaßnahmen bewirken können und was passieren kann, wenn diese Maßnahmen nicht sorgfältig auf das Gesamttrainingsprogramm abgestimmt sind.

Unser Fall: Im Laufe einer Trainingsperiode wird verstärkt an der Kräftigung der Arm- und Rumpfmuskulatur gearbeitet, andere Trainingsinhalte werden dafür zurückgestellt. Gehen wir davon aus, daß das Training tatsächlich nach einer gewissen Zeit positive Wirkungen zeigt. Unser Spieler kann schneller schwingen und härter schlagen, ist dazu in der Lage häufiger verkürzte Schwünge durchzuführen und dies über längere Zeit, ohne zu ermüden. Über die unmittelbaren Trainingseffekte hinaus bemerkt der Spieler, daß er sein Spiel druckvoller gestalten kann. Sein Selbstbewußtsein steigt, die Erfolge, die sich einstellen, verstärken seine Motivation im Wettkampf, aber auch im Training. Kurz: das erfolgreiche Krafttraining beeinflußt seine gesamte Spielerpersönlichkeit.
Nur: so durchschlagenden Erfolg muß das Training nicht mit sich bringen, denn wenn wir unser Beispiel vom Krafttraining ergänzen, müssen auch die möglichen negativen Wirkungen beschrieben werden: Durch den Muskelzuwachs wird möglicherweise die Beweglichkeit eingeschränkt und die Koordination des gesamten Schwungs verändert. Dadurch kann die Schlagtechnik negativ beeinflußt werden; die Präzision beim Schlagen läßt nach. Ebenso muß der Spieler nun die Ausführung seiner Schäge verändern. Er muß z. B. seinen Longline tiefer an der Stirnwand plazieren, um Überlängen zu vermeiden. Das Absprungverhalten des Balles verändert sich usw. Diese Veränderungen auf Anhieb zu bewältigen, gelingt wahrscheinlich kaum einem Spieler, sondern zusätzli-

Training und Wettkampf

Jahangir Khan im Angriff auf der T-Position

ches Training wird erforderlich, um die gewünschte Anpassung an Technik und Taktik zu erreichen.
Schon oben wurde erwähnt, daß sich die Spieltaktik verändern kann. Stellt der Spieler die beschriebenen Probleme im Wettkampf fest, kann es schnell zu Unsicherheiten und Mißerfolgserlebnissen kommen, die als langfristige Negativ-Motivation durchschlagen können, nach dem Motto: »Wofür trainiere ich eigentlich so intensiv, wenn ich dadurch schlechter spiele?« Und dann ist der schlechtestmögliche Effekt von Training eingetreten. Mit diesem Beispiel sollte einer der wichtigsten Trainingsgrundsätze verdeutlicht werden: Der Spieler ist als unteilbare Ganzheit zu sehen, und nicht als einerseits »konditionelles« oder andererseits als »technisches« Wesen zu betrachten. Diese grundlegende Aussage führt zu einer bestimmten Auffassung von Training: Spieler verändern sich auch unter spezifischen Trainingsprozessen (z. B. Krafttraining, Ausdauertraining) ganzheitlich. Das heißt, daß Trainingsmaßnahmen aufeinander abzustimmen sind, mögliche Positiv- und Negativwirkungen mitberücksichtigt und gegebenenfalls ausgeglichen werden müssen (beim Krafttraining z. B. durch Stretching und Ballkontrolltraining), und niemals der schnelle Griff in die modische Erfolgskiste zum Gestaltungsprinzip von Training werden darf.

Wechselbezug von Training und Wettkampf

Training sollte sinnvollerweise immer im Bezug zum Wettkampf betrachtet werden, denn der Wettkampf ist die Bewährungssituation für das im Training Erprobte (vergleiche HAGEDORN/MESECK). Training hat also immer eine Auswirkung auf die Wettkampfleistung und diese ist wiederum entscheidend für die Gestaltung des nachfolgenden Trainings. Wir wollen diesen allgemeinen Zusammenhang mit Hilfe der auf S. 98 folgenden Abbildung verdeutlichen.
Training in der leistungssportlichen Praxis wird geplant, durchgeführt und ausgewertet, so daß aufgrund der im Training ermittelten Leistungen eine Prognose für einen (oder mehrere) Wettkampf (Wettkämpfe) aufgestellt werden kann. Wir nennen diese Prognose das Wettkampfmodell. Dieses Modell erlaubt eine Einschätzung der möglichen Wettkampfleistung unter Berück-

Training und Wettkampf

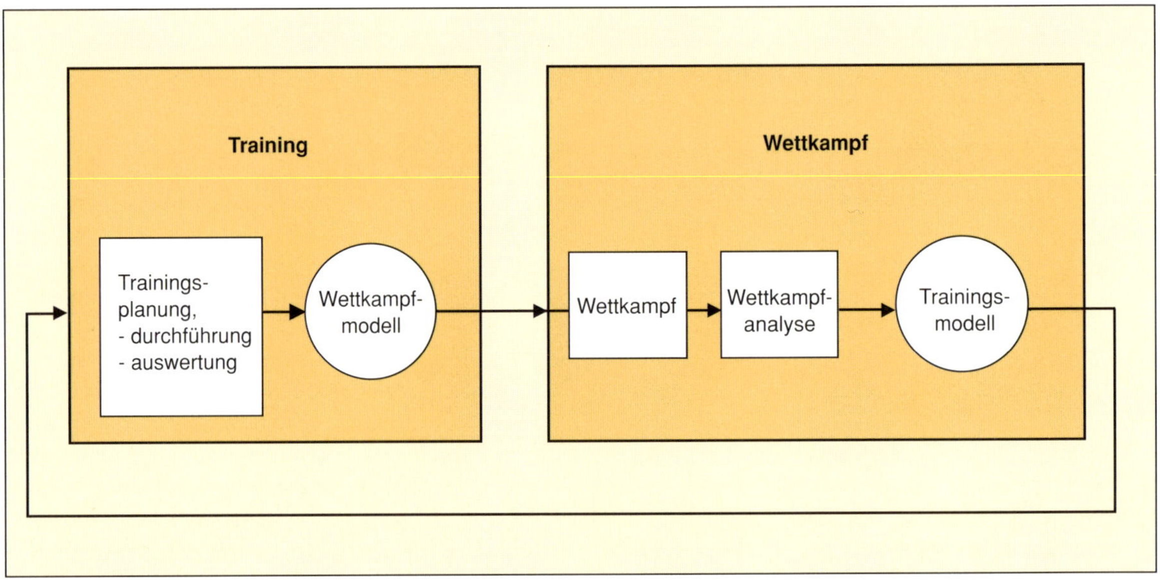

Wechselseitiger Bezug von Training und Wettkampf (nach MESECK/HERWIG 1987)

sichtigung der ermittelten Trainingsleistungen und Wettkampfbedingungen (Gegner, Heim-, Auswärtsspiel, Courtbeschaffenheit usw.). Anschließend wird der Wettkampf geplant, durchgeführt und analysiert, um feststellen zu können, in welchem Maß die Prognose mit der tatsächlichen Wettkampfleistung übereinstimmt. Ist große Übereinstimmung festzustellen, so kann dies als Bestätigung des bisherigen Trainings und der sonstigen Wettkampfvorbereitung gewertet werden. Bei deutlichen Abweichungen müssen Überlegungen angestellt werden, was am Training zu ändern bzw. verbessern ist, oder ggf. welche äußeren (nicht durch das Training bedingten Faktoren) zu beachten sind. So entsteht ein neues Trainingsmodell. Unterschieden werden muß zwischen kurz-, mittel- und langfristigen Umstellungen in der Trainingsplanung. Auf diese und andere grundlegende Aspekte der Periodisierung von Training wird im folgenden noch näher eingegangen.

Laroche
Guy

Training und Wettkampf

Trainingsplanung

In diesem Abschnitt sollen die Aufgaben und Probleme bei der kurz-, mittel- und langfristigen Planung von Training dargestellt werden. Gezeigt werden soll auch die Umsetzung von Trainingsplanung an konkreten Beispielen. Ferner wird aufgezeigt, wie sich mit fortschreitendem Trainingsprozeß (Trainingsalter) das Verhältnis von allgemeiner und spezieller Vorbereitung verändert, wobei die wettkampfspezifischen Bedingungen immer stärker in den Vordergrund treten.
Anhand der unterschiedlichen Trainingsstufen soll ein Überblick gegeben werden, welche Inhalte auf welchen Stufen bevorzugt zu trainieren sind. Damit wird eine zusammenfassende Darstellung des gesamten Trainingsprozesses im Squash gegeben.

Trainingsstufen

Trainingsfortschritt wird gemessen an Veränderungen, die zwischen zwei Zeitpunkten eintreten. Dieser Fortschritt auf einer »höheren Stufe« rechtfertigt den Begriff Trainingsstufen, wenn der Fortschritt systematisch geplant und angesteuert wird (Hagedorn 1985b, S. 354). Wir unterscheiden im folgenden Grundlagentraining, Aufbautraining, Leistungstraining und Hochleistungstraining. Mit dieser Einteilung wird die leistungssportliche Orientierung betont. Nicht jeder Squash-Spieler beginnt schon im Kindes- oder Jugendalter mit dieser Sportart und durchläuft alle Trainingsstufen. Vielfach kommen »Quereinsteiger« aus anderen Sportarten und unterschiedlichen Altersstufen zum Squash oder beginnen mit dem Spiel nach Abschluß einer leistungssportlichen Karriere in einer anderen Sportart. Ferner wird Squash zunehmend von vielen Sportlern anderer Sportarten aus saisonbedingten Gründen unter leistungssportlichen Aspekten in das Training eingebaut. Die große Mehrzahl aller Squash-Spieler sind jedoch Freizeitspieler, die dieses Spiel ohne das Ziel betreiben, jemals an offiziellen Wettkämpfen teilzunehmen, aber dennoch mit viel Ehrgeiz und Einsatz spielen. Dieses Buch ist für alle Spieler geschrieben, die ihr Spiel verbessern möchten, und das geht nur durch Training. Wie umfangreich und intensiv es gestaltet wird und auf welcher Trainingsstufe es anzusiedeln ist, liegt an den Zielen des einzelnen Spielers und seinem jeweiligen Entwicklungs- und Leistungsstand.
Wenn ein Spieler alle Trainingsstufen systematisch durchläuft, gilt generell, daß die Trainingsumfänge zunehmen, und daß der Anteil der allgemeinen Grundlagenausbildung in den folgenden Stufen zugunsten des squashspezifischen Trainings reduziert wird. Dieser Zusammenhang wird in der Abbildung rechts oben dargestellt.

Grundlagentraining (Stufe 1)

Die Ziele des Grundlagentrainings liegen in der Ausbildung aller Fähigkeiten im Anfängerbereich. Die Kondition soll durch vielseitige Anforderungen im Bereich von Ausdauer, Kraft, Schnelligkeit und Beweglichkeit ausgebildet und im Hinblick auf die squashspezifischen Anforderungen verbessert werden. Konditionstraining soll noch nicht in zeitintensiven Trainingsabschnitten durchgeführt, sondern eher spielerisch in das Gesamttraining eingestreut werden. Spieler, die mit dem Squash-Training beginnen, sind vor allem daran interessiert, die Technik und Taktik vermittelt zu bekommen. Techniktraining soll so durchgeführt werden, daß zunächst die Grundtechniken des Schlagens und Laufens ohne starre Festlegung auf standardisierte Bewegungsmuster erlernt werden sollen.
Der zweite Schwerpunkt liegt in der Vermittlung der taktischen Grundregeln, die erst den Aufbau der squashspezifischen Spielfähigkeit ermöglichen. Hier sind vor allem solche Spiel- und Übungsformen hilfreich, bei denen Teilaspekte der Spielidee des Squash-Spiels unter wettkampfähnlichen Bedingungen erprobt, angewendet und miteinander trainiert werden.
Wichtig: Zur Förderung der Spielmotivation soll immer wieder das Spiel nach den gültigen Wettkampfregeln gespielt werden.
Das Grundlagentraining kann in ganz unterschiedlichen Organisationsformen mit Gruppen oder Einzelspielern durchgeführt werden. In der Nachwuchsarbeit mit jungen Spielern/-innen (Talent-

Training und Wettkampf

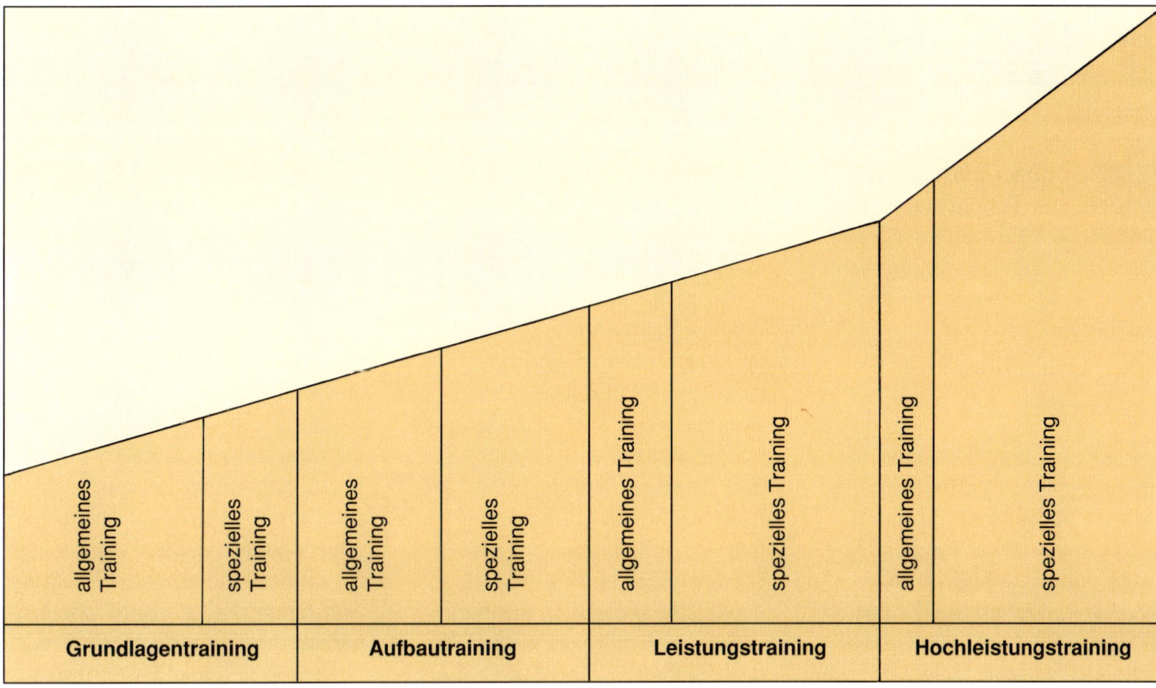

Verteilung allgemeiner und spezifischer Ausbildungsanteile in den einzelnen Trainingsstufen (nach Letzelter 1978)

suche und Talentförderung) würde der Anteil einer allgemeinen spielerischen und konditionellen Ausbildung, die squashunspezifisch ist, einen besonders breiten Raum einnehmen, um die motorischen Fähigkeiten umfassend auszubilden. Bei Spielern hingegen, die gezielt zu einem Trainer gehen und Squash lernen wollen, würde die squashspezifische Trainingsarbeit im Court im Vordergrund stehen.
Damit ist schon angedeutet, daß Grundlagentraining natürlich für Anfänger in allen Altersstufen durchgeführt werden kann. Die Trainingshäufigkeit liegt bei ein bis drei Trainingseinheiten pro Woche, jede ca. 60 bis 90 Minuten lang.

Aufbautraining (Stufe 2)

Die zweite Trainingsstufe wird von weniger Spielern durchlaufen, da hier bereits der Übergang zum organisierten Wettkampfsport in Vereinen stattfindet. Trainingsumfang und -häufigkeit erhöhen sich vor allem für die Spieler die einen langfristig geplanten Leistungszuwachs anstreben:
zwei- bis viermal pro Woche, je 90 Minuten.
Aufbautraining hat darüber hinaus eine große Bedeutung für Spieler, die verletzt waren und ihre vormalige Leistungsfähigkeit wieder erlangen wollen. Diese Art des Aufbautrainings ist jedoch unter sehr individuellen Gesichtspunkten und nach der Art der Verletzung zu planen.
Generell gilt, daß im Aufbautraining die squashspezifische Kondition unter besonderer Berücksichtigung der aeroben Ausdauer verbessert wird. Die Beweglichkeit soll verbessert werden und die Stützmuskulatur gekräftigt werden. Bei Kindern und Jugendlichen sollten im Krafttraining jedoch keine Gewichte verwendet werden.
In bezug auf die Technik erfolgt eine Verfeinerung der Grundschläge, das Erlernen von Spezialschlägen sowie eine Verbesserung der Ballkontrolle.
Im Bereich der Taktik wird die Anwendung der taktischen Grundregeln gefestigt und die individuelle Ausformung von Taktik erprobt und in Wettkämpfen angewendet. In Wettkämpfen können Spieler lernen, Trainingsleistungen umzusetzen und mit Sieg und Niederlage umzugehen. Ebenfalls sollen Kenntnisse über

die persönliche Spielvorbereitung und trainingsbegleitende Maßnahmen vermittelt werden. Training kann nun auch verstärkt als individuelles Training oder mit Trainingspartner(n) durchgeführt werden. Der Trainer muß nicht bei jeder Trainingseinheit anwesend sein. Zur Eigenkontrolle sollte ein Trainingstagebuch geführt werden.

Leistungstraining (Stufe 3)

Leistungstraining betreiben die Spieler, die nach einem Aufbautraining auf höheren Ebenen Wettkämpfe bestreiten. Die Trainingshäufigkeit liegt zwischen vier und sechs Trainingseinheiten pro Woche, bei einer Dauer von 90 bis 120 Minuten. Die obere Grenze der Trainingshäufigkeit wird selbst von einer ganzen Reihe von Bundesligaspielern der ersten Liga nicht immer erreicht. Wir wagen jedoch die Prognose, daß das bereits in einigen Jahren anders sein wird, da die Leistungsentwicklung in dieser jungen Sportart noch lange nicht abgeschlossen ist, und das Leistungsniveau der Ligaspieler ständig ansteigt. Insofern sind die hier vorgelegten Zahlen als anzustrebende Richtzahlen zu verstehen. Allerdings muß darauf hingewiesen werden, daß in anderen Ländern auf vergleichbarem Niveau häufiger trainiert wird.
Leistungstraining betreiben Spieler im systematischen Aufbau, Spieler, die nicht umfangreicher trainieren wollen oder können und Spieler, die aus dem Hochleistungsbereich ausscheiden, aber auf reduziertem Leistungsniveau weitertrainieren wollen.
Ziele des Trainings sind die Verbesserung und Erhaltung der aeroben und anaeroben Kapazität sowie der Mischanforderungen im Kraft- und Schnelligkeitsbereich. Die Technik wird individuell ausgeformt, die taktischen Fähigkeiten erweitert und verbessert bis hin zur persönlichen Taktik. Mentales Training gewinnt zunehmend an Bedeutung.
Weitere Schwerpunkte der Planung sind übergeordnete Gesichtspunkte wie die Saisonstrategie, aber auch die Vor- und Nachbereitung von Training und Wettkämpfen. Auf der Stufe des Leistungstrainings (mindestens 4jährige Spielerfahrung) sollten Spieler ebenfalls lernen, sich so weit selbst steuern zu können, daß sie von störenden Einflüßen des Spielinnen- und Spielaußenfelds nicht mehr stark abgelenkt werden.

Hochleistungstraining (Stufe 4)

Diese Trainingsstufe wird nur von Spielern angestrebt, die bereits einen hohen Leistungsstand erreicht haben und bereit und fähig sind, unter professionellen Bedingungen zu trainieren. Auf dieser Trainingsstufe kann ein wöchentlicher Trainingsumfang von 15 bis 20 Stunden als selbstverständlich gelten (zwei bis drei Trainingseinheiten pro Tag, mit Ausnahme von Wettkampftagen). Ziel ist das Erreichen und Erhalten der persönlichen Höchstleistung. Diese Trainingsstufe ist nur für Spieler in der Altersspanne zwischen 18 und 30 Jahren (in Ausnahmefällen vor 18 oder bis 35) von Bedeutung. Betrachtet man zum heutigen Zeitpunkt die Altersstruktur der internationalen Spitzenspieler, so liegt das Alter zwischen 18 und 25 Jahren, wobei in letzter Zeit ein deutlicher Trend zum früheren Erreichen der persönlichen Höchstleistung in der Weltspitze zu erkennen ist (in den 70er Jahren dominierten fast ausschließlich Spieler um Ende 20 bis Mitte 30). Gründe für diese Veränderung sind darin zu sehen, daß das Spiel in bezug auf Ausdauer und Schnelligkeit anspruchsvoller geworden ist.
Aber auch die anderen Leistungsfaktoren müssen auf höchstem persönlichem Niveau ausgebildet sein, um in der nationalen und internationalen Spitze mitspielen zu können. Hochleistungstraining zielt ferner darauf ab, die zunehmende intellektuelle Reife der Spieler in variable Taktik umzusetzen und die Leistungsmotivation zu verstärken bzw. aufrechtzuerhalten.

Rechte Seite: Der neuseeländische Weltmeister von 1986, Ross Normann. Einer der fittesten Spieler in der Weltspitze

Vision

Training und Wettkampf

Periodisierung des Squashtrainings

Die persönliche Höchstleistung im Squash ist, wie zuvor ausgeführt, nur durch einen langfristig angelegten und systematisch geplanten Trainingsprozeß zu erreichen. Die Planungs- bzw. Trainingsabschnitte werden in der folgenden Abbildung dargestellt.

Periodisierung des Trainings im Squash

Mehrjahreszyklus	2–10 Jahre
Jahreszyklus	1 Jahr
Perioden	1–4 Monate
Makrozyklus	3–6 Wochen
Mikrozyklus	1 Woche
Trainingseinheit	1,5–2 Std.
Trainingsabschnitt	5–45 Minuten

Die umfassende Planung der Leistungsentwicklung kann sich über einen Zeitraum von bis zu 10 Jahren erstrecken. Dieser Plan ist sehr allgemein gehalten und enthält die Eckdaten der Entwicklung der sportlichen Leistungsfähigkeit. Ebenso wird angegeben, in welchen Zeiträumen Leistungsziele angesteuert werden sollen.
Dieser Gesamtplan wird unterteilt in verschiedene Mehrjahreszyklen, wie sie z. B. in den vorgestellten Trainingsstufen beschrieben wurden. Hier werden Inhalte, Schwerpunkte und Zwischenziele im Training angegeben. Die Orientierung an Zwischenzielen ist auf die Ausprägung von Fertigkeiten und Fähigkeiten auf einem bestimmten Niveau bezogen und zu definieren, und nicht über erreichte Ranglistenplätze oder ähnliches.

Auf der Ebene darunter werden Jahrestrainingspläne aufgestellt, die auf eine Wettkampfsaison und deren Höhepunkte abgestimmt sind, und die Planung für die verschiedenen Trainings- und Wettkampfperioden angeben. Die Jahrestrainingspläne enthalten ein Ablaufschema für die Aktivitäten eines Wettkampfjahres.
In der Vorbereitungsperiode erfolgt der systematische Leistungsaufbau, in der Wettkampfperiode werden vor allem Wettkämpfe bestritten, die im Training vor- und nachbereitet werden. Daneben werden die üblichen Trainingsinhalte (Ballkontrolle, Kondition) absolviert. In der Übergangsperiode sollen Spieler kein Squash spielen, sondern sich aktiv erholen, z. B. indem sie sinnvolle Ausgleichssportarten betreiben; dazu sind vor allem Schwimmen, Radfahren und Mannschaftsspiele geeignet.
Aktive Regeneration ist körperlich und geistig anzustreben. Der Leistungsabfall im konditionellen Bereich sollte in dieser Zeit nicht zu groß werden. Die Wettkampfsaison im Squash beginnt Ende September mit den Ligaspielen und endet Mitte Mai mit den nationalen Meisterschaften. Dazwischen liegt im Dezember und Januar eine 4- bis 6wöchige Wettkampfpause. Die in dieser Zeit stattfindenden Privatturniere werden in die Periodisierung des Squash-Trainings nicht mit einbezogen.
In der internationalen und deutschen Spitze wird statt der Doppelperiodisierung eine Mehrfachperiodisierung vorgezogen, da die Saisonhöhepunkte im Abstand von 4 bis 6 Wochen über das gesamte Jahr verteilt sind. Lediglich die Monate Mai (zur Hälfte) und Juni sind weitgehend frei von wesentlichen Wettkampfereignissen.
Durch die Wettkampfpausen wird die Saison in zwei Wettkampfperioden mit je zwei vorangehenden unterschiedlich langen Vorbereitungsphasen unterteilt. Der folgende Plan, in dem die wichtigsten Wettkampfereignisse aufgeführt sind, gilt allerdings nicht nur für alle nationalen Ranglistenspieler, sondern auch für alle Ligaspieler, die planmäßig trainieren wollen.
Die Trainingsschwerpunkte in den einzelnen Perioden sind einerseits durch die Gesetzmäßigkeiten eines systematischen Leistungsaufbaus, andererseits durch die individuellen und speziellen Ziele eines Spielers oder einer Mannschaft gesetzt. Das hier beschriebene Niveau ist bezogen auf die Stufen des Aufbau- und Leistungstrainings.
In der Vorbereitungsperiode werden vor allem die Leistungsfaktoren Kondition, Technik, Taktik trainiert und auf einem möglichst hohen Niveau stabilisiert. Zuerst wird die allgemeine Ausdauer verbessert. Die anderen konditionellen Faktoren werden in dieser Zeit parallel mittrainiert. Im Training wird mit mittleren Umfängen und geringer Intensität begonnen, um die Spieler nach der Übergangsperiode nicht zu überfordern. Dann steigen die Streckenlängen bei gleichbleibender Intensität. Aufgrund des bereits erreichten besseren Trainingszustands werden sich die Laufzeiten verbessern, ohne daß die Intensität der Belastung (Relation zur bestmöglichen Laufzeit für eine bestimmte Strecke) ansteigt. Nun

Training und Wettkampf

Wettkämpfe \ Saison	Juni	Juli	Aug.	Sept.	Okt.	Nov.	Dez.	Jan.	Febr.	März	April	Mai
	Übergangsperiode	Vorbereitungsperiode 1			Wettkampfperiode 1		Vorbereitungsperiode 2		Wettkampfperiode 2			
Ligaspiele					—	—	—	—	—	—		
Grand-Prix-Tuniere				—	—	—			—	—	—	—
Deutsche Meisterschaft												—
Europa-, Weltmeisterschaft				—	—					—		
ISPA - Turniere		—	—	—	—	—	—	—	—	—	—	

Jahresplan mit Wettkampfereignissen und Trainingsperioden (Grand Prix, ISPA = Internationale Turniere, die für die Erstellung von Ranglisten herangezogen werden)

beginnt der Übergang zum Intervalltraining mit kürzeren und intensiveren Belastungen, um die squashspezifische Ausdauer zu entwickeln.
Sofern nicht besondere Schwächen bei Spielern, z. B. durch umfangreiches Krafttraining, kompensiert werden müssen, werden in allen Trainingseinheiten auch Kraft, Beweglichkeit und Koordination berücksichtigt. Ausnahme ist das Schnelligkeitstraining, das erst in der letzten Phase der Vorbereitungsperiode begonnen wird.
Techniktraining findet schwerpunktmäßig im ersten Teil der Vorbereitungsperiode statt. Besonders das Erlernen neuer Techniken sowie die Veränderung und Verbesserung bereits gelernter Techniken sollte in diesem Zeitraum angestrebt werden, während im zweiten Teil der Vorbereitungsperiode die Automatisierung der erlernten Techniken Vorrang hat. Der Grund: Nachdenken über Technik stört das taktische Denken im Wettkampf, denn hier ist die Technik nur noch ein Mittel, um entsprechend den situativen Anforderungen im Spiel entscheiden zu können. Deshalb sollte eine Pause zwischen Techniktraining mit hohen Lernanforderungen und Wettkämpfen liegen.
Im zweiten Teil der Vorbereitungsperiode wird vor allem Taktiktraining durchgeführt, um die taktischen Fähigkeiten zu verbessern und die Spieler auf die anschließende Wettkampfperiode vorzubereiten. Das Training wird ganz auf die folgenden Wettkämpfe ausgerichtet.
In der gesamten Vorbereitungsperiode kann auch die Handlungssteuerung verbessert werden.
Wie dargestellt, sind in der Vorbereitungsperiode deutliche Schwerpunkte zu erkennen, die in den Plänen der Makrozyklen detaillierter beschrieben werden. Einen Überblick über die hier vorgeschlagene Verteilung von Trainingsschwerpunkten wird in der folgenden Abbildung gegeben. Die Verteilung basiert auf Prinzipien der allgemeinen Trainingslehre, die squashspezifisch ausgelegt werden.

Training und Wettkampf

Trainingsschwerpunkt	Juli				August				September			
	1. Woche	2. Woche	3. Woche	4. Woche	1. Woche	2. Woche	3. Woche	4. Woche	1. Woche	2. Woche	3. Woche	4. Woche
Allgemeine Ausdauer												
Spezielle Ausdauer												
Schnelligkeit												
Kraft, Beweglichkeit, Koordination												
Technik												
Taktik												
Handlungssteuerung												

Trainingsschwerpunkte in der Vorbereitungsphase

Die Trainingsschwerpunkte können – entsprechend den individuellen Zielen – unterschiedlich gesetzt werden.
Variation 1: Ein Spieler hat spezielle Schwächen, die behoben werden sollen. Dabei ist es zunächst gleichgültig, ob es sich um konditionelle, technische oder taktische Probleme handelt. Entscheidend ist, daß im Training Schwerpunkte gesetzt werden, um mit einem speziellen Aufbautraining die jeweilige Schwäche abbauen zu können.
Variation 2: Ein Spieler soll auf höhere Anforderungen im Bereich der nationalen und internationalen Leistungsspitze vorbereitet werden. Dies erfordert ein Aufbautraining im Hochleistungsbereich, bei dem die Vorbereitungsperiode zeitlich verlängert wird und die Wettkampfaktivitäten verringert werden. Vorbereitungsperioden von über einem halben Jahr, wie sie etwa die vielfachen Weltmeister Geoff Hunt und Jahangir Khan zu Beginn ihrer großen Karrieren absolvierten, sind allerdings nur von hochmotivierten Spielern zu absolvieren.
In der Wettkampfperiode kommt es stärker auf die Vor- und Nachbereitung von Wettkämpfen und die Optimierung der Handlungssteuerung an, um die vorhandenen Leistungsmöglichkeiten im Wettkampf umsetzen zu können.
Für alle Perioden werden weitere Unterpläne, die sogenannten Makrozyklen aufgestellt, in denen die Schwerpunkte der jeweiligen Trainingsarbeit angegeben wer-

Greg Pollard beim Spiel aus der hinteren Ecke

den. In einer zweimonatigen Wettkampfperiode kann vorgesehen sein, in den ersten 4 Wochen die Form zu testen und zu festigen (Aufbauwettkämpfe), um in den darauffolgenden Wochen den Leistungsgipfel zu erreichen.

Die Mikrozyklen umfassen den Zeitraum einer Woche. Sie sind besonders in Wettkampfperioden von besonderer Bedeutung, da in ihnen die Trainingsinhalte zwischen den meist wöchentlich stattfindenden Wettkämpfen angegeben werden (vergleiche CAIRD).

In den Mikrozyklen werden für jeden Tag und jede Trainingseinheit konkrete Angaben über die Trainingsinhalte und die Dauer der Trainingsabschnitte gegeben. Wir stellen hier ein Beispiel vor, aus dem ersichtlich werden soll, wie die Vorbereitung auf einen Wettkampf erfolgen kann. Ausgangspunkt ist ein Spielniveau, auf dem täglich eine Trainingseinheit absolviert wird. Wiederum handelt es sich um einen Plan, der unter Berücksichtigung von trainingswissenschaftlichen Prinzipien angelegt ist, d. h. im Einzelfall auf einen Spieler individuell abzustimmen wäre. Ferner wird in diesem Plan davon ausgegangen, daß der Wettkampf am Samstag stattfindet. Der Sonntag ist als Ruhetag geplant. Bei aufeinanderfolgenden Wettkampftagen (Samstag und Sonntag), würde der Montag als Ruhetag eingeplant werden.

Während aller Trainingsperioden sind trainingsbegleitende Maßnahmen von Bedeutung, um vor allem nach hohen Belastungen die Regenerationszeit zu verkürzen. Zu diesen Maßnahmen zählt im Training das Auf- und Abwärmen. Nach dem Training sind Massage, Sauna, Regenerationsbäder, viel Schlaf und gezielte Ernährung von besonderer Bedeutung.

Bei der Tagesplanung von Trainingseinheiten ist zu beachten, daß im Tagesverlauf biorhythmisch bedingte Leistungsschwankungen zu erwarten sind. Training vor 8 Uhr morgens, in der Mittagszeit und spät am Abend wird allgemein als weniger günstig angesehen, da die Leistungskurve zu diesen Zeiten abfällt. Entscheidend ist jedoch die individuelle Leistungskurve, die abhängig von einem regelmäßigen Tages- und

Tag	Trainingsinhalte	Zeit Minuten
Montag	– Analyse des vorherigen Wettkampfs, Trainingsinhalte festlegen – Aufwärmen, Stretching – Ballkontrollübungen (individuell) – Laufen (extensive Intervallmethode) – Abwärmen Gesamt:	30 20 30 30 10 120
Dienstag	– Aufwärmen, Stretching – Techniktraining (entsprechend Wettkampfanalyse) – Trainingsspiel mit Vorgaben (vgl. Techniktraining) – Abwärmen Gesamt:	20 30 30 10 90
Mittwoch	– Aufwärmen, Stretching – Taktiktraining (entsprechend Wettkampfanalyse) – Fahrtspiel (wechselnde, insges. hohe Ausdauerbelastungen) – Abwärmen Gesamt:	20 30 40 10 100
Donnerstag	– Aufwärmen, Stretching – Schlagtraining (mit Partner) – Taktiktraining (Wettkampfvorbereitung) – Trainingsspiel (vgl. Taktiktraining) – Abwärmen Gesamt:	20 20 30 30 10 110
Freitag	– Aufwärmen, Stretching – Gewöhnung (falls möglich) an Wettkampfcourt mit Schlagtraining (geringe Intensität) – Trainingsspiel (locker) – Abwärmen Gesamt:	20 30 30 10 90
Sonnabend	– Wettkampf	
Sonntag	– wenn Wettkampf ist der Montag Ruhetag (das Trainingsprogramm müßte dann um einen Tag verkürzt, die Trainingsinhalte komprimiert werden) – wenn Ruhetag (nach harten Spielen 30 Minuten mit geringer Intensität laufen)	

Mikrozyklus

Trainingsrhythmus auch innerhalb vermeintlich ungünstiger Zeiten ihren Höhepunkt erreichen kann. Als sicher kann gelten, daß der erste Leistungshöhepunkt etwa 3 bis 4 Stunden nach dem Aufstehen liegt.
Trainingseinheiten sollen unabhängig von der jeweiligen Zielsetzung mit einer sportartspezifischen Aufwärmung beginnen. Im Hauptteil, dem zeitlich umfangreichsten, wird mit Schläger und Ball im Court trainiert. Beendet wird die Trainingseinheit mit dem sogenannten Ausklang (Abwärmen), durch den Regenerationsprozesse eingeleitet werden.
Generell gilt, daß Trainingsinhalte aufeinander abgestimmt sein sollen und in der richtigen Reihenfolge anzubieten sind. Trainingsinhalte, die hohe Anforderungen an die Lernfähigkeit von Spielern stellen (neue Techniken und Taktiken), und demzufolge das Zentralnervensystem stark beanspruchen, sollen immer im nicht ermüdeten Zustand, also in der Regel nach dem Aufwärmen durchgeführt werden. Die konditionellen Faktoren sind daran anschließend zu trainieren, und zwar in der Reihenfolge Schnelligkeit vor Kraft vor Ausdauer.
Bei der Gestaltung von Trainingseinheiten ist ebenfalls zu berücksichtigen, daß bei Lernprozessen die konditionelle Belastung möglichst gering gehalten werden soll, und der gesamte Trainingsabschnitt maximal so lange ausgedehnt wird, bis erste Anzeichen von zentraler Ermüdung erkennbar sind. Anzeichen für Ermüdung sind z. B. eine zunehmende Anzahl von Fehlern oder fehlende Fortschritte im Lernprozeß. Diese Grenze kann zwischen unterschiedlichen Spielern aber auch bei einem Spieler schwanken und sich mit fortschreitendem Trainingsalter und -zustand verschieben.
Erst wenn Spieler über automatisierte und variabel verfügbare Technik verfügen, soll unter hoher konditioneller Belastung trainiert werden (Stresstraining), um Anpassungen an die Belastungen des Wettkampfes zu bewirken (vergleiche GROSSER/BRÜGGEMANN/ZINTL, S. 77 ff.).

Trainingsmethoden

Die meisten Squash-Spieler wissen über Trainingsmethoden nicht sehr viel. Meist werden im Training bewährte Trainingsformen übernommen, die von besseren Spielern oder einem Trainer empfohlen werden, in dem Glauben »es wird schon was bringen«. So ist es dann auch meist, denn ein noch geringes Leistungsniveau läßt sich anfangs mit fast beliebigen Trainingsmethoden und -inhalten verbessern. Interessierte Spieler schauen auch mal in ein Squash-Buch (die bekanntesten deutschsprachigen sind von CAIRD, ESPIE/SKLORZ, HASSELBACH/HÄRTEL. Und dort finden sich, wenn auch verstreut, und nicht immer squashspezifisch Anmerkungen über Trainingsmethoden. In den Büchern von Jahangir KAHN und Geoff HUNT, den dominierenden Spielern des letzten Jahrzehnts, sowie den neueren englischen Büchern von CHAPMANN u. a., MARTIN/WALLACE) finden sich ebenfalls eine Reihe von Hinweisen über Trainingsinhalte und -umfänge, doch über die Umsetzung (Methoden) und die Regeln (Methodik), nach denen das Training gestaltet wird und unterschiedliche Trainingsinhalte aufeinander abgestimmt werden, ist dort wenig zu lesen.
In den folgenden Abschnitten werden deshalb die wichtigsten Trainingsmethoden im Squash zusammengefaßt und methodische Prinzipien des Trainings beschrieben. Eine umfassende Darstellung von physiologischen und biologischen Gesetzmäßigkeiten von Training und Trainingsformen für alle Leistungsfaktoren im Squash und ihre Ausprägungen, kann in diesem Buch nicht gegeben werden. Dieses Vorhaben würde einen eigenen Band zur Trainingslehre und Methodik des Squash-Spiels erforderlich machen. Eine systematische Darstellung der allgemeinen Gesetzmäßigkeiten von Training wird z. B. von WEINECK gegeben. Im übrigen wird verstärkt auf Fachliteratur hingewiesen, die dem interessierten Leser zu Vertiefung der Thematik empfohlen wird. Die hier vorgestellten Trainingsmethoden werden an Beispielen in ihrer spezifischen Bedeutung für das Squash-Training dargestellt.
Trainingsmethoden sind planmäßige Verfahren und grundsätzlich zielorientiert. Sie sind darauf ausgerichtet, allgemeine und spezielle Trainingsziele anzusteuern. Mit LETZELTER kann man Trainingsmethoden verstehen als »... systematische Anordnung von Trainingsinhalten unter Berücksichtigung trainingswissenschaftlicher Gesetzmäßigkeiten, vor allem unter Berücksichtigung der Belastungsnormative und der Trainingsmittel.«

(S. 29). Ferner handelt es sich bei Trainingsmethoden um Verfahren, die in der Praxis erprobt und entwickelt wurden.
Wenn dieser Definition folgend z. B. das Trainingsziel, Verbesserung der Ballkontrolle beim Longline, erreicht werden soll, wäre eine Longline-Rally der Trainingsinhalt, die Merkmalsbeschreibung der Spielform (wo soll der Ball aufspringen) das Trainingsmittel. Die konditionelle Belastung würde dem Training nach der Dauermethode entsprechen, da die Spielform kontinuierlich über 30 Minuten durchgeführt werden soll.

Konditionstraining

Im Bereich des Konditionstrainings werden im wesentlichen vier Methoden genannt (vgl. z. B. LETZELTER oder WEINECK):

- Dauermethode,
- extensive Intervallmethode,
- intensive Intervallmethode,
- Wiederholungsmethode.

Ihre Gültigkeit bezieht sich vor allem auf das Ausdauertraining, das für das squashspezifische Training von besonderer Bedeutung ist. In einem weiteren Zusammenhang sind zusätzlich die Wettkampf- und die Kontrollmethode zu nennen, mit denen wettkampfspezifische Ausdauerfähigkeiten trainiert werden (HARRE, HAGEDORN 1985).
Im Training werden solche Belastungen angesteuert, »die aufgrund ihres Umfangs, ihrer Intensität und ihrer Art zu funktionellen Anpassungen und/oder zu koordinativen oder technomotorischen Zielgrößen führen.
Der rhythmische Wechsel von

Training und Wettkampf

Belastung – Ermüdung – Erholung ist die typische Funktionsweise biologischer Prozesse.« (MARTIN, S. 378).
Jede der nachfolgend beschriebenen Trainingsmethoden ist durch mehrere Belastungsgrößen eindeutig gekennzeichnet. Die jeweilige Anordnung der Größen zueinander bedingt die spezielle Trainingswirksamkeit. Durch verschiedene Anforderungen an den Organismus wird dieser zu unterschiedlichen Reaktionen veranlaßt.
Als wesentliche Belastungsgrößen gelten:
○ Reiz- (Belastungs-) intensität: Höhe der Belastung,
○ Reiz- (Belastungs-) dauer: Dauer einer Belastung (-sphase),
○ Reiz- (Belastungs-) dichte: Verhältnis von Belastungs- und Erholungszeit (innerhalb einer oder mehrerer Belastungseinheiten),
○ Reiz- (Belastungs-) Umfang: Anzahl der Belastungen (Wiederholungen) pro Trainingseinheit.
Um den Gesamtumfang der Belastungen innerhalb eines Trainingsprozesses anzugeben, benötigt man zusätzlich zu den angegebenen Größen noch die Trainingshäufigkeit.
Ab einer gewissen Größe der Belastung (= Summe aus Intensität, Umfang, Dauer und Dichte), dem sog. trainingswirksamen Reiz, tritt im menschlichen Organismus eine Störung des sonst bestehenden inneren Gleichgewichtszustandes auf, die sich zunächst als Ermüdungserscheinung bemerkbar macht. Bei richtiger Anordnung und Auswahl der Belastungsgrößen und der Erholungsphasen

	Belastungs-intensität	Belastungs-dichte	Belastungs-umfang	Belastungs-dauer
Dauer-methode	50–70%	ohne Pause	5–10 km	lang (bis 60 Min.)
Extensive Intervall-methode	70–85%	lohnende Pause (Puls auf 120 S/Min.) 4–10 Wieder-holungen	600–2000 m	2–8 Min.
Intensive Intervall-methode	80–95%	lohnende Pause 5–12 Wieder-holungen	200–600 m	½–2 Min.
Wieder-holungs-methode	90–100%	vollständige Pause 1–6 Wieder-holungen	bis 70 m	bis ca. 8 Sek.

Methoden des Konditionstrainings bei Laufstrecken

folgt auf die Gleichgewichtsstörung eine Anpassung des Organismus an die erhöhten Anforderungen, d. h., der Spieler erreicht ein höheres Leistungsniveau. Die Kurve in der Abbildung unten zeigt den Verlauf der Leistungsentwicklung.
Diesen Vorgang bezeichnet man als Superkompensation. Der Organismus erholt sich also nicht nur bis zu seinem Ausgangsniveau vor Beginn der Belastung, sondern etwas darüber hinaus. Dieser Zustand bleibt nicht beliebig lange bestehen. Vielmehr bedarf es innerhalb bestimmter Zeitabschnitte neuer Belastungen im Training. Erfolgt dieses nicht rechtzeitig, so kommt es zu einem Rückgang der Leistungsfähigkeit auf das ursprüngliche Leistungsniveau.
Vergleichbares gilt, wenn die

Verbesserung des Niveaus der sportlichen Leistungsfähigkeit durch richtig dosierte Trainingsbelastungen und angemessene Erholung

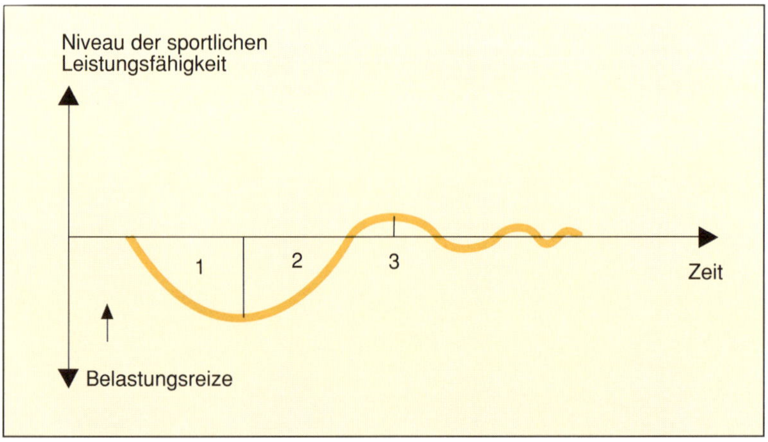

neue Belastung zu rasch auf die vorhergehende erfolgt. Der Organismus hat sich noch nicht optimal erholt und ist deshalb erhöhten Belastungen noch nicht gewachsen. Folglich ermüdet er bereits früher, die Trainingswirksamkeit wird geringer und der Superkompensationseffekt tritt nicht auf. Längerfristig führen zu kurze Erholungszeiten sogar zu einem Leistungsabfall und zu (manchmal schweren und lang anhaltenden) Störungen des Organismus; diese Erscheinung wird Übertraining genannt.

In einem sorgsam geplanten Trainingsprozeß wird also die Anpassungsfähigkeit des Organismus so ausgenützt, daß mit neuen Belastungen immer dann begonnen wird, wenn das Leistungsmaximum des Organismus erreicht ist, also der Superkompensationseffekt voll zum Tragen kommt.

Das ist in der untenstehenden Abbildung zu sehen.

Noch einmal sei in diesem Zusammenhang auf die Bedeutung der Erholung, vor allem auch der Pausen zwischen den einzelnen Belastungen während eines Trainings hingewiesen. Es gilt: verschiedene Belastungsanforderungen bedingen verschieden lange Erholungszeiten (Pausen), außerdem: unterschiedlich lange Erholungszeiten wirken verschieden auf den Organismus. Innerhalb eines Trainings treten im wesentlichen zwei Arten von Pausen auf:

Bei der »vollständigen Pause« setzt die nächste Belastung erst dann ein, wenn die Werte der organismuseigenen Leistungsparameter (Puls, Atmung usw.) annähernd wieder zu ihrem Ausgangsniveau zurückgegangen sind (ca. 2 bis 4 Minuten nach Belastungsende je nach Belastungsart unter 100 Schläge pro Minute).

Dagegen wird bei einer »lohnenden Pause« bereits dann wieder mit der Belastung begonnen, wenn ca. $1/3$ der zur vollständigen Erholung notwendigen Zeit vergangen ist. Als Richtwert für den Trainer kann hier eine Pulsfrequenz von 120 bis 140 Schläge pro Minute gelten. Die Zeit für eine solche lohnende Pause beträgt ca. 30 bis 90 Sekunden.

Superkompensation und Rückgang des erhöhten Niveaus der sportlichen Leistungsfähigkeit bei zu langem Ausbleiben neuer Belastungsprozesse

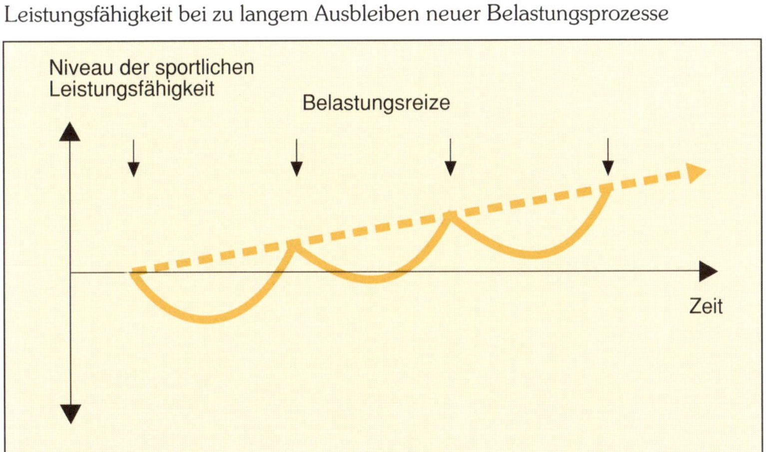

Die lohnende Pause ist charakteristisches Merkmal der Intervallmethoden.

Fast ebenso wichtig wie die Art der Pausen ist deren Gestaltung. Grundsätzlich sollte diese aktiv sein. D. h., der Spieler bewegt sich, macht leichte Dehn- oder Lockerungsgymnastik. Auf keinen Fall sollte die Pause sitzend mit hängenden Beinen verbracht werden, da sich das Blut sonst in den während der Belastung meist sehr beanspruchten Beinen staut und somit ein Abtransport der körpereigenen Schlackstoffe verlangsamt wird.

Bevor ein Trainingsprogramm zur Verbesserung der allgemeinen aeroben Ausdauer begonnen wird, ist es notwendig die Kennwerte des Leistungsprofils eines Spielers zu ermitteln. Dies geschieht über die Notierung von Bestzeiten für die Laufstrecken, die trainiert werden sollen.

Ein Beispiel für die Dauermethode: Wird ein 5000-Meter-Lauf mit einer Bestzeit von 20 Minuten absolviert, und soll diese Strecke mit 60%iger Intensität trainiert werden, müßten 40% (= 8 Minuten) auf die Bestzeit zugeschlagen werden. D. h., die Strecke wäre in 28 Minuten zu laufen. Der Puls soll bei ca. 150 Schlägen pro Minute liegen. Diese Methode der Intensitätsbestimmung von Belastungen ist abhängig von Leistungsniveau, Trainingszustand und Streckenlänge zu variieren. Spieler mit hohem Leistungsniveau und gutem Trainingszustand müssen längere Strecken mit ggf. höherem Tempo laufen, um entsprechend belastet zu werden.

Extensives Intervalltraining würde z. B. mit 800-Meter-Läufen durch-

geführt. Bei einer Bestzeit von 3 Minuten und einer gewünschten Intensität von 75%, würde die Laufzeit 3 Minuten 45 Sekunden betragen. Der Puls müßte bei ca. 165 Schlägen pro Minute liegen. Die Anzahl der Wiederholungen ist gering. Sie nimmt in Abhängigkeit vom Trainingszustand zu.
Intensives Intervalltraining kann mit 400-Meter-Läufen durchgeführt werden. Bei einer Bestzeit von 60 Sekunden und einer gewünschten Intensität von 85%, müßte die Laufzeit 69 Sekunden betragen. Der Puls würde bei ca. 175 Schlägen pro Minute liegen. Die Anzahl der Wiederholungen nimmt zu und ist in Abhängigkeit von Leistungsniveau und Trainingszustand festzulegen. Für die Intervallmethoden gilt, daß der Puls nach einer Belastung auf ca. 120 Schläge pro Minute fallen sollte, bevor erneut belastet wird (lohnende Pause).
Mit Hilfe der Wiederholungsmethode wird vor allem die maximale (zyklische und azyklische) Schnelligkeit trainiert, auf hohem Leistungsniveau auch die anaerobe und aerobe Ausdauer. Höchstmögliche Intensität (90–100%), geringe Wiederholungszahlen (Abbruch des Wiederholungstrainings bereits bei minimalem Leistungsabfall) und vollständige Pausen gelten als charakteristische Merkmale dieser Trainingsmethode.
Durch die vollständigen Pausen zwischen den einzelnen Wiederholungen kommt es bei jeder neuerlichen Belastung zu einem vollständigen »Durchlaufen sämtlicher regulativer Steuerungsprozesse« (Weineck, S. 86), d. h. zu einer Ökonomisierung der energiebereitstellenden Systeme des menschlichen Organismus.
So kann die (beim Squash vor allem azyklische) Schnelligkeit und ebenso die Schnelligkeitsausdauer (Stehvermögen) verbessert werden, vor allem wenn gleichzeitig eine Hypertrophie der »schnellzuckenden« weißen Muskelfasern (sog. FT = Fast-twitch-Fasern) erreicht wird.
Training nach der Wiederholungsmethode sollte immer in ausgeruhtem Zustand erfolgen, da ein erfolgslimitierender Faktor ein ermüdetes Zentral-System (ZNS) ist.
Am einfachsten ist Ausdauertraining durch Laufen zu realisieren, da aufgrund der gleichmäßigen (zyklischen) Bewegung die Belastungsintensität gut zu steuern ist. Training mit den vorgestellten Methoden läßt sich aber auch im Court durchführen. Dies gilt nicht nur für squashspezifische Lauf-/Sprintformen, sondern in besonderem Maß für das Training mit kombinierten Anforderungen (vergleiche das eingangs gegebene Beispiel) in Übungs- und Spielreihen. Besonders geeignet sind die Intervallmethoden mit langen und mittleren Intervallen. Wichtig ist es, solche Übungsformen zu wählen, die dem Spielkönnen entsprechen, denn der Ball soll im Spiel gehalten werden, um möglichst wenige – und wenn, kurze – Unterbrechungen entstehen zu lassen. Ungültige oder nicht erreichte Bälle werden sofort wieder ins Spiel gebracht. Haben beide Trainingspartner eine annähernd gleiche Spielstärke und einen vergleichbaren Trainingszustand, ist die Organisation einfach. Die Intensität der Übungen kann zudem durch zusätzliche Aufgaben gesteigert oder verringert werden, wenn die Pulsfrequenzen anzeigen, daß nicht mit der gewünschten Belastungsintensität trainiert wird. Variiert werden können Laufarbeit sowie Höhe und Härte des Zuspiels.
Die Variationen in Abhängigkeit von den Trainingszielen sind bei entsprechendem Einfallsreichtum nahezu unerschöpflich. Trainiert werden kann allein, mit einem oder mehreren Partnern gleicher oder unterschiedlicher Spielstärke. Alle Übungs- und Spielfor-

Courttraining nach unterschiedlichen Trainingsmethoden. (Mörderspiel: der Spieler in der vorderen Courthälfte muß die vom Spieler in der hinteren Courthälfte variabel zugespielten Bälle jeweils als Longline zurückspielen).

Trainingsmethode	Übung	Puls (Soll-Wert)
Dauermethode (über 10 Minuten)	1. Drive-Drive 2. Boast-Drive 3. Boast-Cross 4. Boast-Lob	140–150 S/Min.
Extensive Intervallmethode (2–8 Minuten)	1. Boast-Drive-Drive 2. Boast-Stop-Lob 3. Boast-Cross-Volley-LL. 4. Boast-Lob-Volley-LL.	150–170 S/Min.
Intensive Intervallmethode (1–2 Minuten)	1. Boast-Stop-Drive 2. Boast -Stop-Stop-Drive 3. »Mörderspiel«	über 170 S/Min.

men können geringfügig verändert für die Trainingsziele auf den unterschiedlichen Leistungsstufen nutzbar gemacht werden.

Die Vorteile dieser Form eines squashspezifischen Ausdauertrainings liegen vor allem in:
○ der leichteren Motivation zum Konditionstraining,
○ der Nähe zum Spiel und seinen Anforderungen,
○ der Automatisierung und Ökonomisierung von Bewegungen,
○ dem Mittrainieren von Technik, Taktik, Beweglichkeit.
Mögliche Nachteile: Es ist darauf zu achten, daß mit den verwendeten Übungen nicht technische und taktische Verhaltensweisen eintrainiert werden, die im Wettkampf unvorteilhaft sein könnten. Unter technischen Aspekten ist in bezug auf Schlagen und Laufen auf wettkampfgemäße Ausführung zu achten. Dies gilt vor allem für die einfacheren Übungs- und Spielformen (z. B. Boast-Drive). Taktisch soll mechanisches, stereotypes Verhalten nicht zu stark trainiert werden. Je höher das Spielniveau, desto mehr können Spielformen mit zusätzlichen Anforderungen eingesetzt werden.

Techniktraining

Technik und Taktik werden in der Konzeption dieses Buches in enger Wechselbeziehung betrachtet. Techniktraining ist also immer unter dem Aspekt zu sehen, daß die Anforderungen des Spiels besser/erfolgreicher bewältigt werden sollen. Beim Techniktraining im Squash ist zu unterscheiden zwischen:

Spiel zu viert: nicht nur als Wettkampf, sondern auch eine gute Trainingsmöglichkeit für fortgeschrittene Spieler

○ dem Erlernen von Techniken,
○ dem Verbessern von erlernten Techniken,
○ dem Automatisieren von Techniken (hierunter fällt vor allem das sogenannte Ballkontrolltraining),
○ dem Anwenden von Techniken (situationsgemäßes Ausführen und Variieren von Techniken auf hohem Spielniveau).

Im Techniktraining werden in Anlehnung an Hagedorn 1985, S. 360 folgende Methoden unterschieden. Hagedorn spricht von Lernen und Trainieren nach bestimmten Methoden. In der hier verwendeten Terminologie verstehen wir Training als Oberbegriff.

Trainieren durch Beobachten (observatives Training)

Bei dieser Form des Trainings werden Bewegungen vor- und nachgemacht. Die Informationsaufnahme erfolgt visuell, z. B. durch das Bewegungsvorbild des Trainers. Vor allem bei jugendlichen Spielern führt diese Form des Lernens im Training zu teilweise überraschenden Lernerfolgen. Das ganzheitliche Erfassen eines Bewegungsablaufs durch Imitation ist oft auf Anhieb möglich, allerdings noch ohne Konstanz bei der Anpassung an unterschiedliche Spielsituationen. Auf allen Lernstufen ist ebenfalls die Eigenbeobachtung wichtig.

Training und Wettkampf

Trainieren durch Sprechen (verbales Training)

Bei dieser Form des Trainings findet ein ständiger Informationsaustausch zwischen Trainer und Spieler statt. Ergänzend zum engeren Bereich des Techniktrainings werden hierbei Trainingsgrundsätze bewußt gemacht und vermittelt.

Trainieren durch Vorstellen und Denken (mentales Training)

Es kann ohne weiteres behauptet werden, daß jeder Spieler mental trainiert, da im Training ständig Informationen geistig verarbeitet werden. Mentales Training ist häufig auch Folge verbaler Information, auf deren Grundlage Bewegungsvorstellungen erzeugt werden können. Gleiches gilt für das Nachvollziehen beobachteter Bewegungen.

Trainieren durch Ausführen (Realisationsmethode)

Durch Ausführung von Bewegungen erhält der Spieler die Möglichkeit seine Bewegungsvorstellungen mit der tatsächlichen Bewegung zu vergleichen. Durch ständige Soll-Ist-Wert-Vergleiche von Bewegungsvorstellung und -ausführung, kann ein Spieler Differenzen zwischen Vorstellung und motorischer Ausführung verringern.
Mit höherem technischen Niveau, das die häufige Realisation von Techniken voraussetzt, wird auch das kinästethische Empfinden ausgeprägt, durch welches wichtige Informationen für die Ausführung von Technik gegeben werden.
In der Trainingspraxis werden in der Regel mehrere Methoden des Techniktrainings kombiniert. Dies ist nicht nur aus organisatorischen Gründen hilfreich, sondern auch für die Optimierung des Lernprozesses von Bedeutung. Wissenschaftler und Trainingspraktiker sind sich wohl darüber einig, daß Spieler auf Wahrnehmungsreize und Information unterschiedlich reagieren. Die einen lernen stärker über Beobachtung, anderen erleichtert verbale Information die Realisierung von Techniken. In diesem Zusammenhang wird auch von unterschiedlichen Lerntypen gesprochen. Es kommt also für den Übungsleiter bzw. Trainer darauf an, den individuellen Lerntyp eines von ihm trainierten Spielers herauszufinden. Vielfältigkeit in der Informationsvorgabe erhöht die Lernchancen.
Demgegenüber scheint es weniger effektiv zu sein, ausschließlich durch Realisation (besonders im Frühstadium eines technischen Lernprozesses) lernen zu lassen, da möglicherweise bei hoher Schlaghäufigkeit Bewegungsfehler eingeschliffen werden. Und so sollte die Ausformung des individuellen Technikstils ja sicher nicht erfolgen. Im höheren Leistungsbereich gewinnt die Realisationsmethode hingegen an Bedeutung, da das technische Niveau gesteigert oder ein hohes Niveau gehalten werden soll. Dies ist nur durch häufiges Wiederholen der Schlagtechniken im Training möglich (Ballkontrolltraining).
Wegen der starken zentralnervösen Beanspruchung soll Techniktraining nur in ausgeruhtem Zustand und zeitlich begrenzt durchgeführt werden.
Die Nutzung der unterschiedlichen Methoden des Techniktrainings soll nun am Beispiel einer Trainerstunde dargestellt werden, in der ein neuer Schlag eingeführt wird.

Anwendung von Methoden des Techniktrainings in einer Trainerstunde

Ablauf	Methoden
1. Bekannte Technik spielen lassen	– ausführen – denken und vorstellen
2. Neue Bewegungsvorstellung entwickeln	– sprechen – beobachten – denken und vorstellen – ausführen
3. Ganzheitliches Üben	– ausführen
4. Bewegungsvorstellung korrigieren, Bewegungselemente herausgreifen	– sprechen – beobachten – denken und vorstellen
5. Üben	– ausführen
6. Integration der erlernten Technik in Komplexübungen (spielnahe Umsetzung)	– ausführen – denken und vorstellen

Training und Wettkampf

Taktiktraining

Die Methoden des Taktiktrainings zielen darauf ab, das situative Entscheidungshandeln im Spiel auszubilden. Die wichtigsten Methoden entsprechen denen des Techniktrainings. Allerdings steht die Innensteuerung des Spielverhaltens stärker im Vordergrund. Dadurch werden Vorstellen und Denken (mentale Methode) besonders betont. Der ständige Vergleich von gedachtem Soll-Wert und realisiertem Ist-Wert, bildet die Basis des taktischen Denkens.

Dabei sind drei Zustände möglich (vergleiche Nitsch, S. 36f.):
1. Soll-Wert = Ist-Wert: optimaler Zustand, da das vorgegebene taktische Ziel realisiert werden konnte.
2. Soll-Wert ≠ Ist-Wert: die Abweichung ist unbedeutend (kurzfristig, kann wieder aufgelöst werden), da das Spielverhalten insgesamt mit den Erwartungen (Soll-Wert) übereinstimmt.
3. Soll-Wert ≠ Ist-Wert: die Abweichung von den taktischen Zielen ist sehr groß. Die Erfolgserwartung muß gesenkt werden.

Besonders der zweite Zustand ist im Squash von Bedeutung, da es im Verlauf von Wettkämpfen zu Konzentrationsschwankungen kommt, die zum Abweichen von vorgegebenen taktischen Soll-Werten führen. Notwendig wird somit die ständige Angleichung des Spielverhaltens an die zuvor aufgebauten Erwartungen.
Im Taktiktraining wird mit der Vermittlung der taktischen Grundlagen bzw. Grundregeln des Spiels begonnen. Daran anschließend sollen Spieler lernen, unterschiedliche Spielmöglichkeiten entsprechend den taktischen Absichten zu nutzen. In weiteren Schritten werden das unmittelbare (intuitive) Erfassen von Spielsituationen sowie das langfristige Befolgen von taktischen Konzepten trainiert.
Taktisches Handeln setzt die Einschätzung der eigenen technischen Möglichkeiten voraus, d. h., das Realisieren von taktischen Konzepten macht ein entsprechendes technisches Niveau notwendig. Wenn ein Spieler keinen Stop beherrscht, muß er seine Taktik darauf einrichten. Je weniger technische Möglichkeiten vorhanden sind, umso weniger flexible taktische Konzepte sind möglich.
In den »Grundlagen« (siehe S. 8) wurde darauf hingewiesen, daß Spielidee und Handlungsstruktur des Squash-Spiels die Basis für die Ausbildung von Spiel- und Wettkampffähigkeit darstellen.
Um Taktik sinnvoll zu trainieren, ist zunächst die Vereinfachung des Spiels notwendig, um die taktischen Elemente von Angriff und Verteidigung herausarbeiten zu können. Dies ist möglich mit Übungs- und Spielformen, die ein Erproben von Spielmöglichkeiten mit wenigen Schlägen und begrenzter Spielidee erlauben. Einzelne Aspekte von Taktik müssen dann mit anderen zu einer sinnvollen Gesamttaktik (Spieltaktik) verknüpft werden.

An einem Beispiel soll gezeigt werden, wie mit unterschiedlicher Aufgabenstellung das Angreifer- und Verteidigerverhalten trainiert werden kann. Durch entsprechende Zusatzbedingungen kann diese Art des Trainings im fortgeschrittenen Anfängerbereich und im Leistungsbereich durchgeführt werden.

Taktiktraining auf unterschiedlichen Schwierigkeitsstufen

Stufe 1	
Ziel:	Nutzen der Angreiferrolle (= taktische Grundsituation »Punkt vorbereiten«)
Übung:	Der Angreifer spielt aus dem Vorderfeld Longline oder Cross ins Rückfeld. Der Verteidiger spielt Boast. Auch als Wettkampf.
Stufe 2	
Ziel:	Angreifen mit Longline und Crosscourt, verteidigen mit Boast und Longline (= taktische Grundsituation »Punkt vorbereiten«)
Übung:	Der Angreifer spielt wie zuvor Longline oder Cross. Der Verteidiger Boast bzw. Longline, wenn der Angreifer einen schwachen Angriffsball gespielt hat. Positionswechsel, wenn der Spieler im Rückfeld Longline spielt. Auch als Wettkampf.
Stufe 3	
Ziel:	Situationsabhängiges Angreifen und Verteidigen mit kurzen und langen Bällen (= taktische Grundsituationen »günstige Position gewinnen; Punkt vorbereiten«)
Übung:	Der Angreifer darf zusätzlich Stoppbälle spielen. Der Verteidiger muß den Stop erlaufen und mit Gegenstop oder Longline kontern. Positionswechsel, wenn Longline gespielt wird. Auch als Wettkampf.

Training und Wettkampf

Training der Handlungssteuerung

Während das Trainieren der körperlichen Belastungsfähigkeit selbstverständlich ist, wird das psychologische Training im Sport noch weitgehend unsystematisch betrieben. Das Aufrechterhalten der inneren Antriebs- und Steuerungsmechanismen gegen innere und äußere Widerstände muß ständig trainiert werden, wenn hohe Spielleistungen erbracht werden sollen.

Die hierfür notwendigen Fähigkeiten können mit psychologischen Trainingsmethoden erarbeitet werden, die langfristig in den Trainingsprozeß einzubeziehen sind. Eine Übersicht über die wichtigsten Methoden des psychoregulativen Trainings ist bei EBERSPÄCHER zu finden. Die Eignung und Anwendung von entsprechenden Methoden muß individuell ausgerichtet sein, da die zugrundeliegenden Motive und Emotionen von Spielern unterschiedlich ausgeprägt sind und dementsprechend berücksichtigt werden müssen.

EBERSPÄCHER (S. 271 ff.) nennt fünf Unterziele des psychoregulativen Trainings:

○ Erarbeitung theoretischer Kenntnisse über Bedingungen und Wirkungen psychologischer Einflußgrößen in Training und Wettkampf.

○ Bedingungsanalyse: Analyse der Voraussetzungen des Athleten.

○ Information über die objektiv gegebenen organisatorischen, materiellen und personalen Merkmale. Optimierung und Präzisierung der ersten Einschätzung.

○ Erarbeitung objektiver Bewältigungsstrategien (z. B. Relaxationsverfahren, bei denen der Sportler vor dem Wettkampf entspannen lernt; Mobilisationsverfahren, bei denen der Sportler vor dem Wettkampf aktiviert wird; Desensibilisierungsverfahren, bei denen der Sportler lernt, sich mit den bedeutsamen Momenten des folgenden Wettkampfs gedanklich auseinanderzusetzen und Angst abzubauen).

○ Erarbeitung subjektiver Bewältigungsstrategien im Training.

Vom systematischen psychoregulativen Training, das grundlegende Kenntnisse voraussetzt, sind die Methoden der naiven Psychoregulation zu unterscheiden. Dabei handelt es sich um individuelle Techniken der Selbstbeeinflussung mit denen ein Sportler versucht, die für ihn optimalen inneren Bedingungen für Handlungen herzustellen (vergleiche NITSCH/HACKFORT, S. 299 ff).

Die Wirksamkeit wird vom Spieler bewertet und nicht objektiv überprüft. Psychoregulation zielt darauf ab, zu geringe (Ermüdung, Monotonie, Motivationsverlust) oder zu hohe Aktivierungsniveaus (Startfieber, Angst, Übermotivation, Aggression) zu regulieren. Zu diesem Zweck werden Techniken angewendet, die auf die Bewältigung bereits eingetroffener und zu erwartender Spielereignisse abzielen.

Kompensiert werden Ereignisse, die bereits eingetreten sind. Wenn ein Spieler sich z. B. über eine Fehlentscheidung des Schiedsrichters ärgert, und daraufhin die nächsten Ballwechsel sehr unkonzentriert spielt und unnötige Fehler macht, muß er sich so beeinflussen können, daß er seine Aufmerksamkeit wieder auf das Spielgeschehen lenken kann.

Am selben Beispiel kann der Umgang mit zu erwartenden Ereignissen erklärt werden. Bedingt durch Wettkampferfahrungen weiß ein Spieler, daß es immer wieder zu Fehlentscheidungen von Schiedsrichtern kommen kann. Er ist darauf vorbereitet und macht sich klar, daß auch durch Proteste die Schiedsrichterentscheidung nicht rückgängig gemacht wird. Um den oben beschriebenen Zustand (Verlust der Konzentration) zu vermeiden, versucht der Spieler z. B. mit Selbstbefehlen (»Ärgern bringt nichts«, »volle Konzentration auf den nächsten Ballwechsel«) die Konzentration auf das Spiel zu lenken.

Rechte Seite: Jansher Khan vollständig konzentriert bei einem perfekten Vorhandschlag

Leistungs-erfassung

Um die Leistungsfähigkeit eines Spielers zu ermitteln, ist es notwendig, die Leistungen in Training und Wettkampf mit Hilfe von diagnostischen Verfahren zu überprüfen. Mit Hilfe eines über alle Leistungsfaktoren ermittelten Leistungsprofils ist es möglich, die augenblickliche Leistungsfähigkeit festzustellen, aber auch Schlüsse für die weitere Leistungsentwicklung eines Spielers zu ziehen. Überprüft werden Effekte, die durch Training erzielt wurden.
Die ermittelten Daten geben Entscheidungshilfen für die Beurteilung des bisher durchgeführten Trainings und die weitere Trainingsplanung. Werden aufgrund von Trainingsleistungen Schlüsse für folgende Trainings- oder Wettkampfleistungen gezogen, ist es notwendig, durch wiederholte Datenerhebung für einen längeren Zeitraum Vergleichswerte zu erhalten, die eine Abschätzung der Entwicklung der Leistungsfähigkeit erlauben.
Die Ermittlung von Wettkampfleistungen ist bedeutsam, um Folgerungen für die Strukturierung der folgenden Trainingsprozesse ableiten zu können. Im Wettkampf werden Probleme sichtbar, die im Training nicht (oder nicht so deutlich) zu erkennen sind, da die Wettkampfbedingungen im Training nicht herzustellen, sondern nur zu simulieren sind.
Für die Leistungserfassung stehen eine Fülle von Methoden bzw. Verfahren zur Verfügung, mit denen einzelne Leistungsfaktoren untersucht werden können.
Aussagen über die Leistungsfähigkeit im Wettkampf können nicht nur mit Hilfe eines Tests ermöglicht werden. So besagt z. B. die Feststellung, daß ein Spieler in 12 Minuten 3200 Meter laufen kann, lediglich, daß er gut ausdauertrainiert ist. Wie erfolgreich er seinen nächsten Wettkampf bestreitet, ist daraus nicht zu folgern. Da keine Verfahren existieren, mit denen die komplexe Spielleistung überprüft werden kann, ist es unabdingbar, verschiedene Daten zu den einzelnen Leistungsfaktoren zu erheben, und die Ergebnisse in einen sinnvollen Interpretationszusammenhang zu stellen.
Die im Sport zur Verfügung stehenden Verfahren sind zum größten Teil nicht speziell für die Leistungserfassung im Squash entwickelt und damit nicht unmittelbar anzuwenden. Auf diesem Gebiet herrscht noch ein großes Defizit, da Squash wissenschaftlich bisher wenig bearbeitet wurde. Eine Reihe von Tests sind jedoch trotzdem anwendbar, da mit ihnen Leistungsbereiche überprüft werden, die auch im Squash von Bedeutung sind. Dazu zählen eine Reihe von motorischen Testverfahren (vergleiche Bös, Rapp/Schoder), und medizinische Untersuchungsverfahren (Schmitt u. a.; Weber), die im Labor, aber auch im Training durchzuführen sind. Von Steininger wurde ein squashspezifischer Konditionstest entwickelt, bei dem die aerob-anaerobe Schwelle mittels Laktatmessung bestimmt wird. In der Trainingspraxis wird man sich jedoch in der Regel mit weniger aufwendigen Verfahren und ohne wissenschaftliche Diagnostik helfen.
Für die Diagnose von Schlag- und Lauftechniken sind aus der Trainingspraxis Methoden bekannt, mit denen Zielgenauigkeit und -häufigkeit von Schlagtechniken zu objektivieren sind. (z. B. Markierungen von Zielflächen an Wänden und Boden).
Zur Überprüfung von Technikmerkmalen können ferner Bewegungsanalysen mit Hilfe von Videoaufzeichnungen durchgeführt werden.
Für die Diagnose des Wettkampfverhaltens sind besonders Spielbeobachtungen in unterschiedlicher Form geeignet. Systematische Spielbeobachtung setzt voraus, daß zuvor das zu beobachtende Problem genau beschrieben wurde.
Unterschieden wird zwischen primären und sekundären Analyseverfahren.
Bei ersteren werden die Daten parallel zum Spielverlauf erhoben. Ein squashspezifisches Beispiel geben Hasselbach/Härtel. Der Vorteil primärer Analyseverfahren liegt in der unmittelbaren Zugänglichkeit der Daten. Allerdings können nur Fragestellungen bearbeitet werden, die die Informationsverarbeitungskapazität des Beobachters nicht überfordern.
Umfassende und differenzierte Analysen von Technik und Taktik können mit diesem Verfahren nicht durchgeführt werden.
Bei sekundären Analysen werden die Daten so erhoben, daß eine nachträgliche Bearbeitung möglich ist. Für das Squash-Spiel sind besonders Videoanalysen von Bedeutung, da Spielszenen wiederholt, verlangsamt oder in Einzelbildschaltung darstellt werden können.

In diesem Zusammenhang soll nun ein Video gestütztes Verfahren der Spielbeobachtung im Squash vorgestellt werden, mit dem die Möglichkeiten von Sekundäranalysen und der Einsatz bei der Spielbeobachtung in Training und Wettkampf gezeigt werden soll.
Zunächst muß das praktische Problem, die Fragestellung präzise formuliert werden. Man muß wissen, was man beobachten will. Dazu ist eine Beschreibung des Problems notwendig. Ferner muß das Problem in seiner Bedeutung für das Spiel bestimmt werden. Um diese Einschätzung vornehmen zu können, ist es notwendig zu wissen, wovon das beobachtete Verhalten abhängt und mit welchen (anderen) Leistungsfaktoren es zusammenhängt. Bei dieser Einordnung in einen Gesamtrahmen fließt allgemeines Wissen über das Spiel, aber auch spezielles Wissen über den bzw. die zu beobachtenden Spieler ein (vergleiche nebenstehende Tabelle). Wenn dieser Interpretationsrahmen geschaffen ist, beginnt die konkrete Arbeit. Die beschriebene Fragestellung wird operationalisiert, d. h., es müssen Beobachtungseinheiten festgelegt werden, mit denen das beschriebene Merkmal erfaßt wird.
Es muß festgelegt werden, wie das Spiel beobachtet wird, um die operationalisierten Beobachtungskategorien zu überprüfen. Alle Beobachtungsdaten müssen protokolliert sowie räumlich (wo auf dem Court) und zeitlich (zu welchem Zeitpunkt des Spiels) zugeordnet werden.
Dazu wird für die Beobachtung und Auswertung das Spielfeld in

1. Das Problem
Ein Spieler macht viele Fehler in ganz unterschiedlichen Spielsituationen! Da die Ursache nicht bekannt ist, kann die Schwäche im Training nicht gezielt angesteuert werden.
2. Bedeutung für das Spiel
Die Wettkampfleistung ist nicht optimal. Unnötige Punkt-, Satz- und Spielverluste.
3. Zusammenhang mit anderen Leistungsfaktoren
Denkbar wären folgende Gründe: – Konzentrationsschwankungen aufgrund von konditionellen Mängeln, – technische Schwächen (Schlag, Lauf), – Schlagvorbereitung ist mangelhaft, – psychische Probleme (bei bestimmten Spielständen häufen sich Fehler), – Gegner nutzt unpräzise Schläge, um druckvoll zu spielen
4. Fragestellung
Wovon ist die Häufigkeit und Art von Eigenfehlern abhängig? – von eigenen Schlägen – von gegnerischen Schlägen – von der eigenen Laufarbeit
5. Beobachtungskategorien
Alle Vorhand- und Rückhandschläge mit den entsprechenden Ausprägungen

Arbeitsschritte vor Beginn der Spielbeobachtung

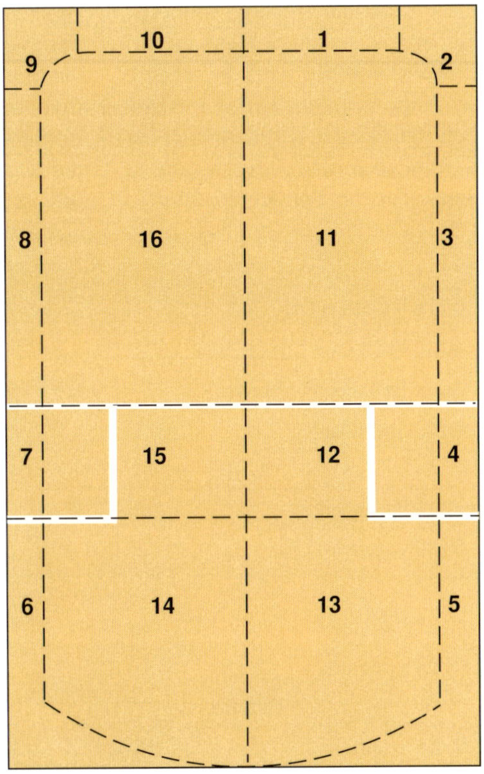

Squashcourt mit Spielfeldrastern zur Zuordnung von Spielhandlungen

Rasterfelder unterteilt, damit die Spielaktionen räumlich zugeordnet werden können. Ausgangspunkt für die Rasterung ist die Überlegung, daß im Squash der Ball aus der Mitte gehalten werden soll und die Bälle entweder kurz, mit guter Länge sowie mit guter Breite gespielt werden sollen. Da die Rasterlinien auf dem Court nicht vorhanden sind, müssen Hilfslinien konstruiert werden. Diese können z. B. entsprechend den Winkeln, die die Kameraposition vermittelt, auf einer Klarsichtfolie aufgezeichnet werden, die bei der Auswertung auf den Bildschirm gelegt wird.
Bei der zu untersuchenden Fragestellung ist davon auszugehen, daß Fehler mit zunehmender Dauer der Ballwechsel wahrscheinlicher werden. Beobachtet und ausgewertet werden demnach nicht alle Schläge, sondern die jeweils letzten Schläge eines Ballwechsels. So wird die wechselseitige Abhängigkeit von Aktionen der Spieler berücksichtigt (zu den theoretischen Grundlagen dieser Art der Spielbeobachtung vergleiche HAGEDORN 1983).

Beobachtungskategorien	Ausprägungen	Kodierung	
V = Vorhand	Longline	Vll,	Rll
	Crosscourt	VC,	RC
	Boast	VB,	RB
	Stop	VS,	RS
R = Rückhand	Lob	VL,	RL
	Aufschlag	VA,	RA
	Volley-Longline	VVll,	RVll
	Volley-Boast	VVB,	RVB
	Volley-Stop	VVS,	RVS
	Sonstige (selten gespielte Schläge und Trickschläge)	VT,	RT

Beobachtungskategorien und Ausprägungen

In den Beobachtungsbogen werden die Schläge, Schlagpositionen, also die Rasterfelder aus denen geschlagen wird, die Dauer des gesamten Ballwechsels und das Resultat eingetragen. Im folgendem soll der Vorgang anhand eines Spielausschnitts (drei Ballwechsel) verdeutlicht werden:
Auf diese Weise ist das gesamte Spiel zu beobachten und anschließend auszuwerten. Um weitere Informationen zu bekommen, sollte noch eine Spalte für Bemerkungen vorgesehen sein, in die alle Beobachtungen eingetragen werden können, die von Bedeutung scheinen.

Nun kann die Häufigkeit von Fehlern bestimmt werden.
Ebenso die Ursache von Fehlern (eigene Konzentrationsmängel oder durch druckvolles Spiel des Gegners bedingt). Ferner ist der Zusammenhang mit anderen Leistungsfaktoren einzuschätzen. Treten z. B. Eigenfehler gehäuft am Ende langer Ballwechsel auf, so ist Konzentrationsabnahme aufgrund von konditionellen Mängeln zu vermuten. Nach der anschließenden Interpretation der Auswertungsergebnisse, ist zu überlegen, wie das anschließende Training gestaltet werden muß.
Den bisher genannten Methoden der Leistungserfassung ist

Beobachtungsbogen

Anlaß des Spiels: ______________________________ Datum: __________

Dauer Ballwechsel	Spieler A:	Spieler B:	Spielstand	Codierung
00.00 Sekunden			A 0:0	Spielbeginn, Aufschlag
	V11 R11			A spielt Vorhand-Longline aus R11
00.15 Sekunden		VS R13/2	0:0 A	B spielt in R13 Vorhand-Stop in R2, Aufschlagwechsel
00.20 Sekunden		VA R12		B spielt aus R4 Vorhand-Aufschlag
	RB R6			A spielt aus R6 Rückhand-Boast
00.25 Sekunden		VS R11/2	0:1 A	B spielt aus R11 Vorhand-Stop, Punkt
00.29 Sekunden		VA R12		B spielt aus R4 Vorhand-Aufschlag
	RVB R8			A spielt Rückhand-Volley-Boast aus R8
00.34 Sekunden		VL R 2	A 0:1	B Spielt Vorhand-Lob aus R2 ins Aus, Aufschlagwechsel

gemeinsam, daß sie lediglich das äußerlich wahrnehmbare Spielverhalten erfassen. Warum ein Spieler mit seinen Leistungen im Spiel oder in einem Konditionstest den Erwartungen entspricht oder nicht, ist aus den erhobenen Daten nicht zu entnehmen. Um Verhalten schlüssiger interpretieren zu können, muß nicht nur von außen beobachtet werden, sondern auch aus der Sicht eines Spielers bekannt sein, wie er sein Verhalten erklärt. Dies geschieht in der Trainingspraxis tagtäglich, denn welcher Trainer spricht nicht mit seinem Spieler, aber es geschieht häufig unstrukturiert und ohne klare Zielrichtung im Gespräch. Wichtige Voraussetzung für strukturierte Gespräche, Befragungen oder Interviews ist Wissen über das Leistungsprofil des Spieler mit Stärken und Schwächen. Allerdings muß bedacht werden, daß Spieler sich oft noch nicht selbst einschätzen können. Korrigierende Hinweise des Trainers sind von großer Bedeutung beim Aufbau einer realistischen Selbsteinschätzung. Hilfreich sind in diesem Zusammenhang aber auch alle anderen vorgestellten Möglichkeiten der Objektivierung von Leistungen. Neben den in der Praxis zu entwickelnden Einschätzungsverfahren, gibt es eine Fülle von allgemeineren Verfahren, die auf die Erfassung von Motiven und Einstellungen ausgerichtet sind.
Zusätzlich müssen aber auch Umfeldbedingungen bekannt sein, also die Rahmenbedingungen, die durch Familie, Schule/Beruf, Verein, Freundeskreis und Trainingsbedingungen vorgegeben sind. Damit sind leistungsfördernde oder leistungshemmende Bedingungen einzuschätzen, denn oft entscheidet sich der Weg, den ein Spieler nimmt, durch die Einflüsse des sozialen Umfeldes.
Über diese Bedingungen muß ein Trainer (besonders im Hochleistungsbereich) hinreichend informiert sein.
Was hat das alles noch mit Squash-Spielen zu tun, mag sich mancher fragen. Wird hier der Aufwand nicht zu hoch? Dem kann entgegengehalten werden, daß Trainingsplanung, die effektiv sein soll und auf das Erreichen hoher Leistungen angelegt ist, alles zum Gegenstand hat, was mit leistungsfördernden oder leistungshemmenden Bedingungen zu tun hat.

Ganzglascourt vor der großen Kulisse bei der Hi-Tec-British-Open, dem weltweit bedeutendsten Squash-Turnier

Training und Wettkampf

Training-Wettkampf-Integrationsprogramm

Aus der umfangreichen Thematik der Trainingssteuerung und Wettkampflenkung soll hier ein Training-Wettkampf-Integrationsprogramm (vergleiche HAGEDORN/MESECK, MESECK/HERWIG) dargestellt werden, in dem wesentliche Aussagen der vorherigen Abschnitte über Training und Wettkampf zusammengefaßt werden. Mit diesem Programm wird der Versuch unternommen »... das Training im Hinblick auf die Anforderungen des Wettkampfs zu steuern, den Wettkampf wiederum auf der Grundlage der erreichten Trainingsleistung zu lenken.« (HAGEDORN/MESECK, S. 427).

Trainer haben Spielkonzepte. Damit diese nicht an der Realität vorbeizielen, sondern zu effektivem Training führen, ist es notwendig, das Leistungsprofil eines Spielers zu bestimmen und das Anforderungsprofil des Squash-Spiels zu kennen. Anforderungsprofile können auf unterschiedlichen Spielklassen erhoben werden, so daß ein Trainer die Anforderungsmerkmale der Spielklasse berücksichtigen sollte, in der ein von ihm trainierter Spieler Wettkämpfe bestreitet. Die Kennwerte werden aus Beobachtung, Messung und Einschätzung des Anforderungs- und Leistungsprofils abgeleitet. D. h., es ist bekannt, welche konditionellen Werte, welche technischen und taktischen Stärken und Schwächen ein Spieler hat und wie er seine Fähigkeiten im Wettkampf umsetzen kann. Durch die Analyse der Kennwerte kann ein Trainer realistische Normen und Ziele für seine Trainingssteuerung und Wettkampflenkung entwickeln, Training planen, Trainingsmethoden einsetzen und ferner die ermittelten Anforderungsbereiche mit den zu trainierenden Leistungsfaktoren festlegen.

Bei den Maßnahmen der Wettkampflenkung ist zwischen drei Ebenen zu unterscheiden:

1. Die lang-, mittel- und kurzfristige Wettkampfvorbereitung im Training. Langfristige Maßnahmen zur Wettkampfvorbereitung, die über einen Zeitraum von mehreren Jahren im Training eingesetzt werden, sind für zukünftige Leistungen auf sehr hohem Wettkampfniveau angelegt. Dabei wird das taktische Verhalten auf der jeweiligen Leistungsstufe zwar gefestigt aber auch zielgerichtet im Hinblick auf zukünftige Wettkampfereignise verbessert.
Mittelfristige Maßnahmen sind z. B. im Rahmen der Trainingsplanung für ein Wettkampfjahr zu berücksichtigen. Ausgangspunkt ist dabei, die Leistungsfähigkeit auf der Grundlage bestehender Fähigkeiten über einen festgelegten Zeitraum optimal zu nutzen. Das bedeutet, daß im Training die Stärken eines Spielers gefestigt werden und das generelle taktische Konzept daran anzupassen ist. Mittelfristig angelegt sein kann aber auch die Vorbereitung auf ein ganz bestimmtes Turnier oder ein einzelnes Spiel, sofern entsprechende vorbereitende Maßnahmen über einen längeren Zeitraum notwendig sind. Hier ist aber schon der Übergang zu kurzfristigen Maßnahmen der Trainingssteuerung und Wettkampflenkung zu sehen, wie sie in der laufenden Wettkampfsaison im Rahmen von Mikrozyklen (S. 107) stattfindet.
2. Die konkrete Vorbereitung mit Einstimmung und Taktik-Wahl bezieht sich auf ein ganz bestimmtes Spiel, bei dem Gegner und Wettkampfort bekannt sind. Notwendig ist die Besprechung und Abwägung eigener und gegnerischer Stärken und Schwächen sowie der Rahmenbedingungen (schneller, langsamer Court; Ball; klimatische Bedingungen). Auf der Grundlage dieser Analyse wird die taktische Grundkonzeption erarbeitet und bestimmte Spielkonstellationen (z. B. bei hoher Führung nicht nachlassen; trotz Rückstand diszipliniert weiterspielen) durchgespielt. Weiterhin sind taktische Varianten und Alternativen zu planen.
3. Der Einsatz von Lenkungshilfen im Wettkampf. Offiziell erlaubte Eingriffe sind im Squash nur in den Pausen zwischen den Sätzen möglich.

Coaching ist eine schwierige Aufgabe, da neben gründlicher Beobachtung und Analyse des laufenden Spiels auch die persönlichen Leistungsmerkmale des zu coachenden Spielers und des Gegenspielers eingeschätzt werden müssen. Ferner muß der Coach seine Beobachtungen auf wenige klare Aussagen reduzieren können, da Spieler in der 1minütigen Satzpause aufgrund der vorherigen Belastung nur begrenzt aufnahmefähig sind. Voraussetzung ist aber auch, daß Spieler lernen müssen, gecoacht zu werden.

Je nach Spielverlauf werden Spieler und Coach die gemeinsam erarbeitete taktische Konzep-

tion bestätigt finden oder umstellen müssen. Besonders wenn das Spiel nicht den Erwartungen entsprechend läuft, lassen sich Spieler leichter durch Schiedsrichter, Zuschauer usw. ablenken. In diesen Fällen muß der Coach mit Fingerspitzengefühl versuchen, den Spieler wieder auf das Wesentliche zu zentrieren und ihm den Glauben an die eigenen Erfolgschancen zurückzugeben. Unerlaubt – aber mittlerweile Gewohnheit – ist das Anfeuern von Spielern durch den Coach, aber auch durch die Zuschauer, während des Spiels. Verboten ist ferner der Austausch von vorher vereinbarten Zeichen, mit denen Informationen über die Spieltaktik weitergegeben werden. Dieses Verhalten hat sich inzwischen aber allgemein durchgesetzt, so daß nur entsprechende Regelverschärfungen Veränderungen erwarten lassen.
Sowohl Trainingssteuerung als auch Wettkampflenkung werden durch Störgrößen beeinflußt. Die vorgegebenen Normen und Ziele können unrealistisch sein. Die vorbereitende Trainingssteuerung entsprach z. B. nicht den Wettkampfanforderungen, die Wettkampflenkung entsprach nicht den situativen Anforderungen und störende Einflüsse wurden falsch eingeschätzt, oder waren als zufällige Störgrößen nicht planbar (HAGEDORN/MESECK S. 433). Diese Fehlerquellen und Störgrößen auszuschalten wird wahrscheinlich nie ganz möglich sein. Wichtig scheint es jedoch, grundlegende Fehler, die sich immer wieder einschleichen, zu vermeiden. Aus diesem Grund ist es notwendig, einen Gesamtrahmen für die Trainingssteuerung und Wettkampflenkung zu entwickeln, in dem Fehlerquellen und Störgrößen berücksichtigt sind und schnell erkannt werden können.

Training-Wettkampf-Integrationsprogramm im Squash (vgl. HAGEDORN/MESECK 1985; MESECK/HERWIG 1987)

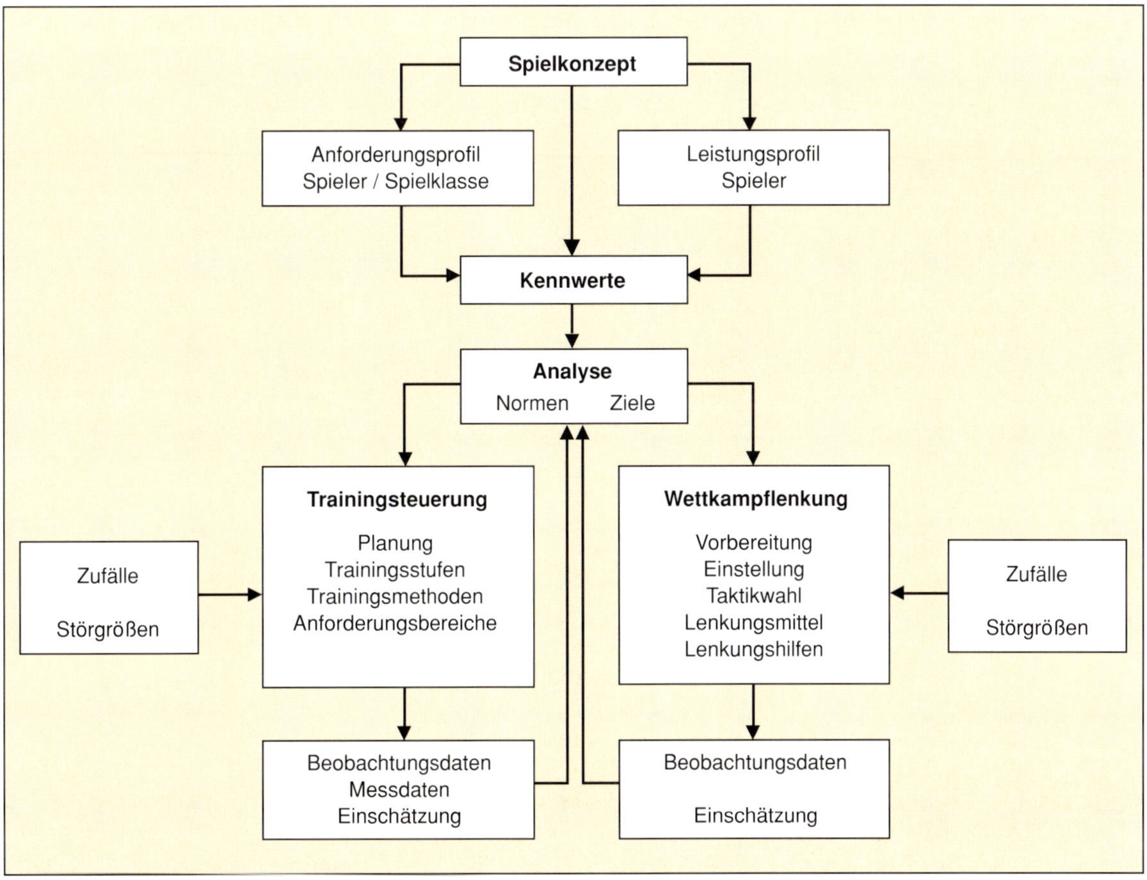

Regeln

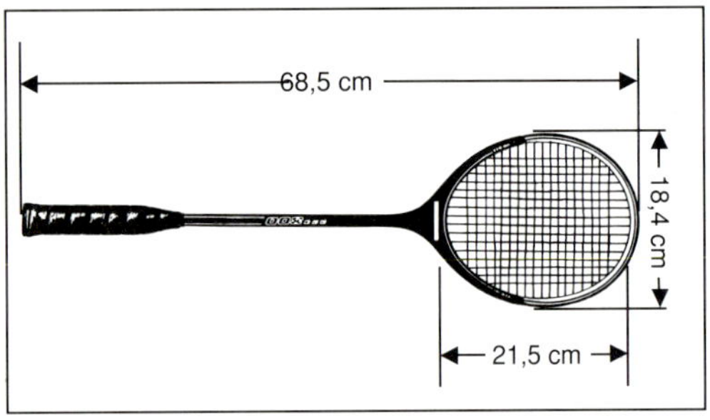

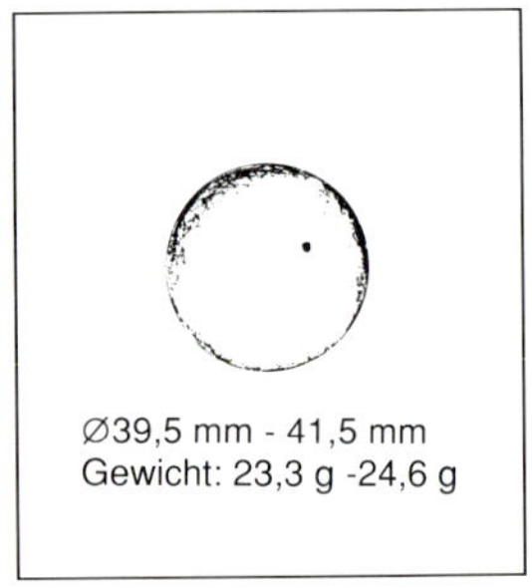

Maße des Squashschlägers und des Squashballs

Das Spiel, wie man es spielt

Squash wird von zwei Spielern mit genormtem Schläger und genormtem Ball auf einem Spielfeld gespielt, das die vom I.S.R.F./DSRV festgelegten Abmessungen hat (vgl. S. 9).

Zählweise

Ein Spiel geht nach Wahl der Wettkampf-Veranstalter entweder über zwei Gewinnsätze (maximal drei Sätze) oder über drei Gewinnsätze (maximal fünf Sätze). Jeder Satz hat 9 Gewinnpunkte, wobei der Spieler, der zuerst 9 Punkte erzielt hat, den Satz gewinnt. Ausnahme: Bei einem Spielstand von 8:8 bestimmt der Rückschläger, bevor der nächste Aufschlag ausgeführt wird, ob der Satz bis 9 Punkte oder 10 Punkte fortgeführt wird. In letzterem Fall gewinnt der Spieler, der zuerst 10 Punkte hat. Der Rückschläger muß in jedem Fall seine Entscheidung klar dem Punktrichter, Schiedsrichter und seinem Gegner mitteilen.

Punkte, wie sie gezählt werden

Spielpunkte können nur vom Aufschläger erzielt werden. Wenn der Aufschläger den Ballwechsel gewinnt, gewinnt er einen Punkt, wenn der Rückschläger den Ballwechsel gewinnt, erhält er das Aufschlagrecht.

Der Aufschlag

1. Das Aufschlagrecht wird durch Losen (schnelles Drehen des Schlägers) ermittelt. Danach schlägt der Aufschläger so lange auf bis er einen Ballwechsel verliert. Dann bekommt sein Gegner das Aufschlagrecht usw.
2. Bei Beginn eines Satzes und jedes Mal, wenn er das Aufschlagrecht erhält, kann der Aufschläger wählen, von welcher Seite er aufschlägt. Nach einem Punktgewinn muß er jeweils von der anderen Seite aufschlagen, und zwar solange, wie er das Aufschlagrecht behält oder bis zum Ende des Satzes. Wenn er jedoch beim Aufschlag einen Aufschlagfehler macht, den der Rückschläger nicht annimmt, oder wenn der Ball mit einem »Let« endet, soll er wieder von der gleichen Seite aufschlagen. Wenn der Aufschlag von der falschen Seite ausgeführt wird, gibt es keine Strafe, und der Aufschlag ist gültig, es sei denn, der Rückschläger macht keinen Versuch, den Ball zurückzuspielen und verlangt die Ausführung des Aufschlages aus dem richtigen Aufschlagviereck.
3. Beim Aufschlag muß der Ball, bevor er geschlagen wird, fallengelassen oder in die Luft geworfen werden. Der Ball darf dabei weder eine Wand, den Fußboden, die Decke oder irgendwelche Gegenstände, die an der Wand oder Decke hängen, berühren. Der Ball muß direkt auf die Stirnwand zwischen die Aufschlaglinie und die Auslinie gespielt werden, so daß er nach dem Rückprall in jenem Viertel des Spielfeldes, das an die Rückwand angrenzt und dem vom Aufschläger benutzten Aufschlagviereck gegenüberliegt, zu Boden fällt, sofern er vom Rückschläger nicht schon vor dem Auftreffen auf dem Boden zurückgespielt wird (Volley). Sollte ein Spieler, nachdem er den Ball fallengelassen oder in die Luft geworfen hat, keinen Versuch unternehmen, ihn zu schlagen, darf er ihn ohne Strafe erneut fallenlassen oder in die Luft werfen. Kann ein Spieler nur einen Arm gebrauchen, so darf er den Ball beim Aufschlag mit Hilfe des Schlägers in die Luft werfen.
4. Ein Aufschlag ist gültig, wenn weder ein Aufschlagfehler vorliegt, noch das Aufschlagrecht gemäß Punkt 6 verlorengeht. Nach einem ersten Aufschlagfehler darf der Aufschläger noch einmal aufschlagen. Der Rückschläger kann versuchen, einen fehlerhaften Aufschlag anzunehmen, und wenn er das macht, wird dieser Aufschlag gültig, und der Ball bleibt im Spiel. Ein 2. Aufschlagfehler kann vom Rückschläger nicht gespielt werden. Der Schiedsrichter muß sofort unterbrechen (Aufschlagwechsel).
5. Ein Aufschlag ist fehlerhaft
5.1. Wenn der Aufschläger in dem Augenblick, wo er den Ball trifft, nicht mit mindestens einem Fuß innerhalb des Aufschlagvierecks den Boden berührt, ohne dabei dessen Begrenzungslinie zu berühren (Fußfehler). Ein Teil des Fußes kann über diese Linie hinausragen, vorausgesetzt er berührt nicht die Linie.
5.2. Wenn der Ball auf oder unterhalb der Aufschlaglinie auftrifft.
5.3. Wenn der Ball nach dem Aufschlag (wenn er nicht schon vor dem Auftreffen auf den Boden zurückgespielt wurde) den Boden zuerst auf oder vor der Querlinie, auf der Mittellinie oder außerhalb des richtigen Viertels im Sinne von Punkt 3 berührt.
Jede Kombination von Aufschlagfehlern während eines Aufschlages zählt nur als ein Einzelfehler.
6. Der Aufschläger verliert den Ballwechsel und damit das Aufschlagrecht:
6.1. Wenn er zwei Aufschlagfehler hintereinander macht.
6.2. Wenn der Ball die Wände, Fußboden, Decke oder andere Gegenstände, die an der Wand oder Decke hängen, berührt, bevor er geschlagen wird.
6.3. Wenn der Aufschläger einen Versuch macht, aber den Ball nicht trifft.
6.4. Wenn der Ball nach Meinung des Schiedsrichters nicht korrekt geschlagen wurde.
6.5. Wenn der Ball von ihm auf oder unter das Brett oder aus dem Spielfeld geschlagen wird oder einen Teil des Spielfeldes vor der Stirnwand berührt.
6.6. Wenn der Ball, bevor er den Boden mehr als einmal berührt hat oder vom Rückschläger gespielt worden ist, den Aufschläger, seine Kleidung oder Ausrüstung berührt.
6.7. Wenn der Ball, bevor er geschlagen wird, eine Wand oder den Boden berührt, wenn er bei Ausführung des Schlags verfehlt oder wenn er zweimal getroffen wird.
7. Der Aufschläger darf erst dann aufschlagen:
– wenn der Spielstand angesagt ist
– wenn der Rückschläger spielbereit ist.

Der Ballwechsel

Nach einem gültigen Aufschlag wird der Ball solange von den beiden Spielern abwechselnd gespielt, bis einer von ihnen einen ungültigen Schlag macht oder der Ball nicht mehr den Regeln entsprechend im Spiel ist oder das Spiel durch Rufe des Punkt- oder Schiedsrichters unterbrochen wird.

Der gültige Schlag

Ein Schlag ist gültig, wenn der Ball, bevor er den Boden zweimal berührt hat, korrekt vom Spieler auf die Stirnwand über dem Brett zurückgeschlagen wird, ohne dabei den Boden oder irgendeinen Körperteil oder ein Kleidungsstück des Spielers zu berühren oder den Schläger, Körper oder Kleidungsstücke des Gegners, vorausgesetzt, der Ball ist nicht »aus« geschlagen.

Let

Ein »Let« ist die Wiederholung eines Ballwechsels. Der Aufschlag oder Ballwechsel, für welchen ein »Let« gegeben wird, zählt nicht, und der Aufschläger wiederholt den Aufschlag aus demselben Aufschlagviereck. Ein »Let« annulliert nicht einen vorangegangenen Aufschlagfehler.

Gewonnene Ballwechsel

Ein Spieler gewinnt einen Ballwechsel
1. Nach Regel »Der Aufschlag« Punkt 6.
2. Wenn der Gegner einen ungültigen Schlag macht, es sei denn, ein »Let« wird gewährt oder ein Ballwechsel dem Gegner zuerkannt wird.

3. Wenn der gespielte Ball seinen Gegner oder seine Kleidung oder Ausrüstung berührt, sofern die Regeln »Der gültige Schlag«, »Den Gegner mit dem Ball treffen«, »Weitere Versuche, den Ballzuschlagen« und »Wann wird ein Let gewährt« Punkt 1.1 nicht etwas anderes sagen.
4. Wenn der Schiedsrichter aufgrund einer anderen Regel so entscheidet.

Den Gegner mit dem Ball treffen

Wenn ein sonst gültiger Schlag gespielt worden ist, der Ball jedoch vor Erreichen der Stirnwand den Gegner, seine Kleidung oder Ausrüstung trifft, dann
1. gewinnt der Spieler den Ballwechsel, wenn der in gültiger Weise zurückgeschlagene Ball die Stirnwand getroffen hätte, ohne vorher eine andere Wand zu berühren. Ausnahme: Der Spieler ist dem Ball vor Ausführung des Schlages mit einer halben Drehung gefolgt oder hat den Ball hinter seinem Körper vorbeigelassen, um ihn in beiden Fällen mit einem Vorhandschlag an der Rückhandseite des Spielfeldes oder umgekehrt zu schlagen.
In diesem Fall muß ein »Let« gewährt werden.
2. wird ein »Let« gewährt, wenn dieser Schlag in anderer Weise (Auftreffen auf der Stirnwand nach Berühren einer anderen Wand) gültig gewesen wäre. Wenn aber nach Auffassung des Schiedsrichters ein gewinnender Schlag verhindert wurde, soll der Spieler den Ballwechsel gewinnen.
3. verliert der Spieler den Ballwechsel, falls der Schlag nicht gültig gewesen wäre.

Weitere Versuche, den Ball zu schlagen

Wenn der Spieler schlägt, den Ball aber nicht trifft, so kann er weitere Versuche machen, ihn zurückzuschlagen. Wenn der Ball, nachdem er verpaßt worden ist, den Gegner oder dessen Kleidung oder Ausrüstung trifft, dann, wenn nach Meinung des Schiedsrichters
1. der Spieler den Ball in gültiger Weise hätte zurückschlagen können, wird ein »Let« gewährt.
2. er den Ball nicht in gültiger Weise hätte zurückschlagen können, verliert der Spieler den Ballwechsel.
Falls einer dieser Versuche erfolgreich ist und ein sonst gültiger Schlag durch das Berühren des Gegners, seiner Kleidung oder Ausrüstung ein Erreichen der Stirnwand verhindert wird, muß unter allen Umständen ein »Let« gewährt werden.
Falls bei einem dieser Versuche der Ball in nicht gültiger Weise zurückgeschlagen werden konnte, verliert der Spieler den Ballwechsel.

Behinderung

Nach seinem Schlag muß der Spieler alles unternehmen, um seinem Gegner auszuweichen. Im einzelnen gilt:
1. Ein Spieler muß jede Anstrengung unternehmen, um seinem Gegner gute Sicht auf den Ball zu geben.
1.1. Ein Spieler muß jede Anstrengung unternehmen, um den Gegner bei seiner Bewegung zum Ball nicht zu behindern. Gleichzeitig muß der Gegner jede Anstrengung unternehmen, den Ball zu erreichen und ihn regelgerecht zu spielen.
1.2. Die Spieler dürfen während eines Ballwechsels nichts rufen oder sprechen.
1.3. Ein Spieler muß jede Anstrengung unternehmen, um seinem Gegner genug Platz zu geben, den Ball zu spielen.
1.4. Ein Spieler muß jede Anstrengung unternehmen, um seinem Gegner – sofern das dessen Position erlaubt – die Möglichkeit zu geben, den Ball direkt an die Stirnwand oder an die Seitenwände (ca. 1 Meter der Seitenwände, Richtung Stirnwand) zu spielen.
Wenn ein Spieler eine aufgeführte Forderung nicht erfüllt, liegt eine Behinderung vor.

Wann wird ein »Let« gewährt?

1. Ein Let wird gewährt:
1.1. Wenn der Gegner wegen der Position des Spielenden es nicht vermeiden kann, vom Ball berührt zu werden, bevor der Ball zurückgeschlagen wird.
1.2. Wenn der Ball irgendeinen Gegenstand berührt, der auf dem Spielfeld liegt.
1.3. Wenn ein Spieler davon Abstand nimmt, den Ball zu schlagen, weil er berechtigterweise fürchtet, seinen Gegner zu verletzen.
2. Ein Let muß gewährt werden:
2.1. Wenn der Rückschläger noch nicht spielbereit ist und keinen Versuch macht, den Aufschlag anzunehmen.
2.2. Wenn der Ball während des Spieles unspielbar wird.
2.3. Wenn ein sonst gültiger Schlag ausgeführt worden ist, der Ball aber nach seinem ersten Auftreffen auf dem Boden aus dem Spielfeld springt.
2.4. Gemäß den Regeln »Gegnertreffen«, »Weitere Versuche«, »Einspruch« und »Verhalten«.
Soll ein »Let« gemäß dieser Regel gewährt werden, muß der Aufschläger in der Lage gewesen sein, einen gültigen Schlag zu machen.
3. Kein »Let« soll gewährt werden, wenn der Spieler den Versuch gemacht hat, den Ball zu spielen, ausgenommen die Regeln, die ausdrücklich ein »Let« verlangen.

Neuer Ball

1. Wenn ein Ball während des Spiels beschädigt wird, soll er sofort durch einen neuen ersetzt werden.
2. Der Ball kann jederzeit, wenn er nicht im Spiel ist – bei gegenseitigem Einverständnis der Spieler oder auf Einspruch eines Spielers hin – nach freiem Ermessen des Schiedsrichters durch einen neuen ersetzt werden.
3. Wenn ein Ball beschädigt ist, dies aber nicht während des Spiels festgestellt wurde, soll kein »Let« für den Ballwechsel, bei dem der Ball beschädigt wurde, gewährt werden, wenn entweder der Rückschläger versucht hat, den nächsten Aufschlag anzunehmen oder der Aufschläger den Ballwechsel verloren hat.
4. Wenn ein Spieler um einen neuen Ball bittet, muß er dies tun, bevor der Rückschläger den nächsten Schlag ausführt, oder, wenn es der letzte Ballwechsel eines Satzes ist, sofort nach dem Ballwechsel.
5. Wenn ein Spieler während eines Ballwechsels aufhört zu spielen, um anzuzeigen, daß der Ball beschädigt ist, und es sich herausstellt, daß dies nicht der Fall ist, verliert der Spieler den Ballwechsel.

Ein Spiel soll ohne Unterbrechung gespielt werden

Nach dem ersten Aufschlag soll das Spiel möglichst ohne Unterbrechung zu Ende gespielt werden. Ausnahmen:
1. Zwischen den einzelnen Sätzen wird eine Pause von je 1 Minute, zwischen dem 4. und 5. Satz – bei einem 5-Satz-Spiel – eine Pause von 2 Minuten gestattet. Während dieser Pausen dürfen die Spieler das Spielfeld verlassen. Am Ende jeder Pause müssen sie aber bereit sein, das Spiel wieder aufzunehmen. 15 Sekunden vor Ende der Pause muß der Schiedsrichter »15 Sekunden« zur Information der Spieler rufen. Am Ende einer Pause zwischen Sätzen muß der Schiedsrichter »Zeit« rufen. Ein Spieler darf sich nur so weit vom Spielfeld entfernen, wie er die Rufe »15 Sekunden« oder »Zeit« hören kann.
2. Wenn ein Spieler dem Schiedsrichter anzeigt, daß er Ausrüstung, Kleidung oder Schuhe wechseln muß, kann der Schiedsrichter dem Spieler dafür Zeit einräumen.
3. Im Falle einer Verletzung kann der Schiedsrichter entscheiden:
3.1. Ob der Spieler sich die Verletzung selber zugefügt hat,
3.2. ob sie unabsichtlich vom Gegner zugefügt wurde,
3.3. ob sie durch den Gegner absichtlich oder durch gefährliches Spiel zugefügt wurde.

Verhalten auf dem Spielfeld

Wenn der Schiedsrichter feststellt, daß das Betragen eines Spielers auf dem Spielfeld den Gegner, die Offiziellen oder Zuschauer einschüchtert oder beleidigt oder das Spiel auf irgendeine andere Art in schlechten Ruf bringt, sollen folgende Strafen angewandt werden:
Wenn ein Spieler Anlaß zu irgendeinem Ärgernis gibt, wie in den Regeln oder in den ISRF-Verhaltensregeln (Regel 21) aufgeführt, können folgende Strafmaßnahmen angewandt werden:
1. Verwarnung durch den Schiedsrichter
2. Aufschlagabgabe an den Gegner
3. Satzabgabe an den Gegner oder
4. Spielabgabe an den Gegner

Aufsicht über das Spiel

Ein Spiel wird normalerweise von einem Schiedsrichter beaufsichtigt, dem ein Punktrichter zur Seite steht.
Es kann jedoch auch eine Person beide Funktionen ausüben.

Verkürzte Fassung mit freundlicher Genehmigung des DSRV (Stand 12. 88)

Literatur

BÄUMLER, G.: Sportmechanik. München 1981.

BÖS, K.: Handbuch motorischer Tests. Göttingen, Toronto, Zürich 1987.

BORNEMAN, R., H. GABLER, J. REETZ, R. SCHÖNBORN: Tennis-Lehrplan 2. Technik: Grundlagen. München-Wien-Zürich 1984.

CAIRD, C.: Squash. Bad Homburg 1985.

CHAPMAN, C., B. LINCOLN, J. POYNDER, D. WRIGHT: The SRA/WSRA Guide to better Squash. London 1986.

DEUTSCHER SQUASH RACKETS VERBAND (Hrsg.): Rahmentrainingsplan Squash. 1989 i. V.

EBERSPÄCHER, H.: Psychoregulatives Training. In: H. GABLER, H. EBERSPÄCHER, M. HAHN, J. KERN, G. SCHILLING (Hrsg.) Praxis der Psychologie im Leistungssport. Berlin 1979, 255–298.

ESPIE, R., M. SKLORZ: Richtig Squash. München-Wien-Zürich 1984.

GABLER, H.: Kognitive Aspekte sportlicher Handlungen. In: H. GABLER, J. R. NITSCH, R. SINGER (Hrsg.): Einführung in die Sportpsychologie. Teil 1: Grundthemen. Schorndorf 1986a, 34–63.

GABLER, H.: Motivationale Aspekte sportlicher Handlungen. In: H. GABLER, J. R. NITSCH, R. SINGER (Hrsg.): Einführung in die Sportpsychologie. Teil 1: Grundthemen. Schorndorf 1986b, 64–106.

GÖHNER, U.: Bewegungsanalyse im Sport. Schorndorf 1979.

GROSSER, M., P. BRÜGGEMANN, F. ZINTL: Leistungssteuerung in Training und Wettkampf. München-Wien-Zürich 1986.

HAGEDORN, G.: Sportspielbeobachtung. Standortbestimmung und Praxis der Forschung. In: O. GRUPE, H. GABLER, U. GÖHNER (Hrsg.): Spiel-Spiele-Spielen. Schorndorf 1983, 192–208.

HAGEDORN, G.: Handlungsstruktur des Sportspiels. In: G. HAGEDORN, D. NIEDLICH, G. SCHMIDT (Hrsg.): Basketball-Handbuch. Reinbek 1985a, 29–36.

HAGEDORN, G.: Trainingsstufen und Trainingsmethoden. In: G. HAGEDORN, D. NIEDLICH, G. SCHMIDT: Basketball-Handbuch. Reinbek 1985b, 354–363.

HAGEDORN, G.: Zum Verhältnis von Training und Wettkampf. In: G. HAGDORN, D. NIEDLICH, G. SCHMIDT: Basketball-Handbuch. Reinbek 1985c, 328–331.

HAGEDORN, G., U. MESECK: Training-Wettkampf-Integrationsprogramm (TWIP). Konzeption, Erfahrungen, Perspektiven. In: R. ANDRESEN, G. HAGEDORN (Hrsg.): Steuerung des Sportspiels in Training und Wettkampf. Ahrensburg 1984, 13–26.

HAGEDORN, G., U. MESECK: Training-Wettkampf-Integrationsprogramm. In: G. HAGEDORN, D. NIEDLICH, G. SCHMIDT (Hrsg.): Basketball-Handbuch. Reinbek 1985, 426–435.

HARRE, D.: Trainingslehre. Berlin (Ost) [10]1986.

HASSELBACH, C., N. HÄRTEL: Squash. Training-Technik-Taktik. Reinbek 1982.

HAYMANN, K.: Lehrplanentwurf. Unveröffentlichtes Manuskript. 1985.

HECKHAUSEN, H. Motivation und Handeln. Berlin-Heidelberg-New York 1980.

HOCHMUTH, G.: Biomechanik sportlicher Bewegungen. Berlin 1981.

HUNT, G.: On Squash. Sydney, Auckland, Toronto, 1978.

KHAN, J.: Winning Squash. London 1986.

KOLLATH, E., W. BOCHOW, K. QUADE: Kinematische Wettkampfanalyse im Badminton. In: Leistungssport 17 (1987) 3, 21–25.

LEMKE, K. D., U. MESECK: Mini-Badminton. Berlin 1984.

LETZELTER, M.: Trainingsgrundlagen. Reinbek 1978.

MARTIN, D.: Grundlagen der Trainingslehre. Teil 1: Die inhaltliche Struktur des Trainingsprozesses. Schorndorf [2]1979.

MARTIN, D.: Ermüdung als Steuerungsgröße im Training. In: Sportwissenschaft 17 (1987) 4, 378–393.

MARTIN, G., H. WALLACE: Squash a new approach. London 1985.

MEINEL, K., G. SCHNABEL: Bewegungslehre. Berlin [6]1976.

MESECK, U., M. HERWIG: Konzeption der Trainingssteuerung und Wettkampflenkung im Squash. In: Leistungssport 17 (1987) 2, 29–32.

MICHAELIS, R., M. SKLORZ: Tischtennis-Lehrplan 4. Theorie. München-Wien-Zürich 1983.

NITSCH, J. R.: Handlungstheoretische Grundannahmen – Eine Zwischenbilanz. In: HAGEDORN, G., H. KARL, K. BÖS (Red.): Handeln im Sport. Clausthal-Zellerfeld 1985, 26–41.

NITSCH, J. R., D. HACKFORT: Naive Techniken der Psychoregulation im Sport. In: H. GABLER, H. EBERSPÄCHER, M. HAHN, J. KERN, SCHILLING G. (Hrsg.): Praxis der Psychologie im Leistungsport. Berlin 1979, 299–311.

PÖPPEL, E., D. PÖPPEL: Kurzfristige und langfristige Veränderungen der Reaktionszeit und des Konzentrationsvermögens bei Squashspielern. In: Leistungssport 15 (1985) 4, 51–54.

RAPP, G., G. SCHODER: Motorische Testverfahren. Stuttgart 1977.

RITZDORF, W.: Visuelle Wahrnehmung und Antizipation. Schorndorf 1982.

SCHMITT, W. M., G. SCHNABEL, G. LEINEN, W. KINDERMANN: Kardiozirkulatorische Belastung beim Tennis und Squash. In: W. KINDERMANN, W. HORT (Hrsg.): Sportmedizin für Breiten- und Leistungssport. Gräfelfing 1981, 179. 185.

STEGEMANN, J.: Leistungsphysiologie. Stuttgart: 1977.

WEBER, K.: Analyse der körperlichen Beanspruchung in den verschiedenen Rückschlagspielen (Tennis, Tischtennis, Badminton und Squash) unter dem Aspekt der Präventiv- und Leistungsmedizin. In: R. ANDRESEN, G. HAGEDORN (Hrsg.).: Training im Sportspiel. Ahrensburg 1982, 111–133.

WEINECK, J.: Optimales Training. Erlangen [3]1985.

WESTPHAL, G., M. GASSE, G. RICHTERING: Entscheiden und Handeln im Sportspiel. Münster 1987.

Register

Weitere BLV Bücher – speziell für Sie ausgewählt!

BLV Sportpraxis 240

Robin Espie / Martin Sklorz

Richtig Squash

Komplexe, exakte Darstellung von Technik, Taktik, Training, Wettkampf, Ausrüstung und Regelkunde des Squashspiels mit optimaler Text-/Bild-/Grafik-Zuordnung.

3. Auflage, 127 Seiten, 76 Farbfotos, 86 s/w-Fotos, 73 Zeichnungen

Dr. Kenneth H. Cooper

Bewegungstraining ohne Angst

Regeln und Tests gegen Herzattacke und Kreislaufkollaps beim Ausdauersport mit genauen Anleitungen zu verschiedenen Gesundheitssport-Arten, richtiger Ernährung und effektivem Training.

238 Seiten, 18 Zeichnungen, 11 Tabellen

Robert Haas

Die Dr. Haas Leistungsdiät für Sport, Gesundheit und Fitness

Gezielte ernährungswissenschaftliche Anleitungen, erprobte Ernährungsprogramme, sportspezifische Diät-Pläne und ein umfangreicher Rezeptteil.

8. Auflage, 234 Seiten

Gabe Mirkin

Die Dr. Mirkin Fitness-Sprechstunde

Der sportmedizinische Ratgeber, der jedem Sportler hilft, sein individuelles Fitness-Programm zu entwickeln sowie Sportunfälle und Verletzungen zu vermeiden.

224 Seiten

BLV Sportpraxis 217

Dieter Melzig / Martin Sklorz

Richtig Fitnesstraining

Gesundheit und Medizin, Trainingsgrundsätze, Trainingsaufbau und -formen, Ausdauer, Beweglichkeit, Spiele, Fitlife-Programm ABS 90.

3. Auflage, 127 Seiten, 46 Farbfotos, 55 s/w-Fotos, 25 Zeichnungen

BLV Sportpraxis 228

August Neumaier / Elke Zimmermann

Richtig Konditionsgymnastik

Wirkungsweise, Variationen, Übungen mit Trainingsprogrammen und Konditionstests.

2. Auflage, 127 Seiten, 190 Farbfotos, 7 s/w-Fotos, 21 Zeichnungen

BLV Sportwissen 401

Manfred Grosser / Stephan Starischka / Elke Zimmermann

Konditionstraining

Theorie und Praxis aller Sportarten: allgemeine Prinzipien, Krafttraining, Schnelligkeitstraining, Ausdauer- und Gelenkigkeitstraining, Fachliteratur.

4., neubearbeitete Auflage, 166 Seiten, 113 Fotos, 35 Zeichnungen, 21 Tabellen

BLV Sportpraxis 238

Adolf Roy

Richtig Fitnessgymnastik

15 Fitnessprogramme mit Einzel-, Partner- und Geräteübungen, die sich für jedes Alter eignen, die Gesundheit stabilisieren und zur Verbesserung der allgemeinen Kondition beitragen.

127 Seiten, 126 Farbfotos, 188 s/w-Fotos, 4 Zeichnungen

BLV Sportpraxis 210

Franz Wöllzenmüller

Richtig Jogging – Dauerlaufen

Ausrüstung, Lauftechnik, Trainingsformen, Ausgleichsgymnastik, Trainingsprogramme, Wettbewerb.

4. Auflage, 127 Seiten, 21 Farbfotos, 14 s/w-Fotos, 12 Bildserien, 38 farbige Zeichnungen

BLV Sport

Dagmar Sternad

Gymnastik

Beweglichkeit, Kräftigung, Ausdauer für alle: fundierte Darstellung von Aerobic-Gymnastik, Stretching, Gymnastik mit Gewichten sowie Reifen- und Seilgymnastik.

127 Seiten, 463 Fotos, 12 Zeichnungen

In unserem Verlagsprogramm finden Sie Bücher zu folgenden Sachgebieten:

Garten und Zimmerpflanzen · Natur · Haus- und Heimtiere · Angeln, Jagd, Waffen · Sport und Fitness · Pferde und Reiten · Wandern und Alpinismus · Auto und Motorrad · Essen und Trinken, Gesundheit · Basteln, Handarbeiten, Werken.

Wünschen Sie Informationen, so schreiben Sie bitte an:
BLV Verlagsgesellschaft mbH, Postfach 40 03 20, 8000 München 40.

BLV Verlagsgesellschaft München